Paris, le 31/08/2011

A mon très cher [illegible]

avec mon affection.

[illegible]

Les responsabilités sociétales des entreprises
en Afrique francophone

Alexandre Wong
et Urbain Kiswend-Sida Yaméogo

# Les responsabilités sociétales des entreprises en Afrique francophone

Le livre blanc

Préface de Jacques Toubon

Éditions Charles Léopold Mayer
38, rue Saint-Sabin Paris (France)

**Les Jardins de la Cité**
*Depuis sa création en 2005, la société Les Jardins de la Cité conseille les entreprises et les institutions sur leurs stratégies et leurs actions liées à leur engagement dans la Responsabilité sociétale de l'entreprise (RSE). Il les accompagne en particulier sur la thématique de la diversité et sur l'optimisation de leur performance Ressources humaines.*
*Porteur du programme « Le Dialogue des Éthiques », l'Institut Éthique et Diversité est le pôle « Recherche et Prospective » des Jardins de la Cité.*

**Les Éditions Charles Léopold Mayer**, *fondées en 1995, ont pour objectif d'aider à l'échange et à la diffusion des idées et des expériences de la Fondation Charles Léopold Mayer pour le progrès de l'homme (FPH) et de ses partenaires. Les ECLM sont membres de la Coredem, une confédération de sites-ressources pour une démocratie mondiale qui rassemble des partenaires autour d'une charte, d'un moteur de recherche et d'un wiki, www.coredem.info*

**Les auteurs**
***Alexandre Wong*** *est chercheur associé en philosophie (UPR 76 CNRS, groupe THETA), consultant (Les Jardins de la Cité), docteur en sciences sociales.*
***Urbain Kiswend-Sida Yameogo*** *est étudiant-chercheur en cotutelle de thèse UQAM – Université Paris-Est.*


ISBN 978-2-84377-159-0

# Préface

La commémoration du cinquantenaire des indépendances africaines a été l'occasion de penser la refondation des relations entre la France et les pays d'Afrique. Les nombreux projets qui ont obtenu le label du cinquantenaire ont permis de jeter un regard objectif et apaisé sur le passé. Quelques-uns d'entre eux se tournent résolument vers l'avenir. C'est le cas du « Dialogue des Éthiques ».

Lorsque le directeur de l'Institut Éthique et Diversité, Khalid Hamdani et son équipe ont présenté leur initiative, nous avons tout de suite mesuré que ce projet mettait l'accent sur la dimension économique des relations entre la France et ses partenaires africains, et s'inscrivait dans une vision prospective centrée sur un sujet d'actualité : la responsabilité sociétale des entreprises (RSE).

Le « Dialogue des Éthiques » a mobilisé les acteurs des diasporas africaines pour penser l'articulation entre les pratiques occidentales de RSE et les pratiques responsables dans la gouvernance africaine des entreprises. Ce point de départ s'est matérialisé dans le cadre de quatre séminaires organisés à Lille, Lyon, Marseille et Paris en novembre et décembre 2010. Ces séminaires ont permis de recueillir l'expertise des acteurs des diasporas africaines et leur ont donné l'opportunité de formuler des propositions pratiques pour adapter la RSE aux réalités culturelles et économiques africaines. Ces rencontres sont aussi venues enrichir l'approche occidentale de la RSE.

Lors de ces séminaires, trois constats ont pu être dégagés :

– Malgré la diversité des cultures africaines représentées, les participants ont identifié un socle commun de valeurs et de pratiques responsables africaines, en en montrant les avantages et les limites.

– À côté des exigences de RSE formalisées dans la norme ISO 26000, l'existence d'une RSE africaine qui ne dit pas son nom a été révélée par les acteurs des diasporas à l'intérieur des filiales des groupes internationaux ainsi qu'à l'intérieur des entreprises africaines. Cohabitent ainsi deux formes de RSE : une RSE occidentale réglementée depuis peu par la norme ISO 26000 et une RSE africaine qui se fonde sur la fonction avant tout sociale de l'entreprise dans les sociétés africaines.

– Une hybridation des modes traditionnels et modernes d'organisation, de gestion et de management à l'intérieur des filiales des groupes internationaux et des entreprises africaines a été aussi constatée : les obligations sociales et coutumières des acteurs économiques africains cohabitent avec leur volonté d'introduire une rationalisation occidentale des modes d'organisation, de gestion et de management. Cette hybridation montre que la responsabilité traditionnelle et africaine de l'entreprise, loin de contrer la modernisation de l'économie en Afrique, l'appuie au contraire : le traditionnel est aussi moderne. En retour, c'est par la prise en compte des pratiques africaines de responsabilité sociale et environnementale existantes que les exigences de RSE pourraient être intégrées efficacement dans l'organisation, la gestion et le management des filiales en Afrique.

Les résultats de ces séminaires ont été confrontés à l'expertise de chercheurs et de responsables d'entreprise lors d'un symposium qui s'est tenu à Marseille en mai 2011.

Le présent livre blanc que j'ai le plaisir de préfacer expose les analyses et les recommandations auxquelles a abouti ce travail. Parmi les nombreuses conclusions exposées, s'il ne fallait en retenir que deux, je garderais les suivantes :

– l'importance d'adapter l'organisation, le management et la gestion de l'entreprise aux contextes culturels et économiques africains ;

– la nécessité de poursuivre cette réflexion dans le cadre du Club de la gouvernance éthique, animé par l'Institut Éthique et Diversité, qui sera un lieu ouvert aux entreprises françaises soucieuses de rendre efficaces en Afrique leurs stratégies en matière de RSE.

Cette initiative a été particulièrement utile pour défricher un sujet prometteur pour nos entreprises françaises travaillant en Afrique ; elle devrait de toute évidence se poursuivre dans le cadre du Club des gouvernances éthiques des entreprises qui s'est constitué autour de l'Institut Éthique et Diversité que je félicite pour son engagement.

À cet effet, le dernier sommet Afrique-France qui s'est tenu à Nice en mai-juin 2010 a accordé à la question de la RSE une attention particulière, notamment en permettant l'élaboration d'un projet de charte appelée à être validée par les entreprises françaises et africaines.

*Par Jacques Toubon*
*Ancien ministre et député européen de 2004 à 2009*

# Avant-propos

Une idée, plus exactement une conviction, est à l'origine du projet « Dialogue des Éthiques » : celle que l'Afrique ne pourra se développer de manière effective et autonome que si elle mobilise ses ressources matérielles au service des populations. Cette évolution repose également sur l'intuition qu'elle doit mobiliser ses valeurs morales et ses pratiques éthiques propres. Le développement de l'Afrique passe désormais par un regard optimiste orienté vers l'avenir et par une réflexion sereine, lucide mais apaisée sur le passé. Tourner définitivement la page de la colonisation, en finir avec les formes plus ou moins subtiles du paternalisme néocolonial, regarder l'Afrique comme elle est aujourd'hui et pressentir ce qu'elle sera demain, telles sont quelques-unes des leçons que nous pouvons tirer de la commémoration du cinquantenaire des indépendances africaines qui fut, il convient de le souligner, le point de départ du projet « Dialogue des Éthiques ».

Il n'en reste pas moins que les préjugés ont la vie dure et que la manière de considérer l'Afrique et les Africains reste trop souvent, ici en Occident et singulièrement en France, marquée par des grilles de lecture dépassées comme si le temps avait « suspendu son vol » dans le continent noir. Comme si l'Afrique ne pouvait avancer qu'avec des décennies de « retard » sur l'Occident. Il est vrai que le spectacle de certains ports où l'on débarque des véhicules hors d'âge pour leur donner une nouvelle vie sur les routes et les pistes africaines conforte ce schéma de pensée. Il est vrai que des bureaucraties aussi tatillonnes que celles qui firent les fameuses « grandes heures » de l'administration coloniale nous font croire que l'Afrique n'est certes pas immobile, mais ne bouge que très lentement et reste encore très éloignée des acquis les plus récents de la modernité. Ces éléments de surface brouillent l'image et masquent l'essentiel. Or l'essentiel est que l'Afrique est en pleine mutation, que les peuples et les nations qui la composent connaissent une formidable accélération de l'histoire.

Le rapport de l'Institut McKinsey *Lions on the move: The progress and potential of African economies*, paru en juin 2010, prône, en ce sens, que l'Afrique est entrée définitivement dans une phase de décollage économique. Ce même rapport incite les entreprises françaises à être plus dynamiques et à s'investir davantage sur ce continent. Or, aujourd'hui, l'un des leviers du développement est la responsabilité sociétale des entreprises (RSE) et ses applications à la gouvernance des organisations publiques et privées. L'application effective et l'adaptation de la RSE seront de plus en plus considérées comme un « avantage concurrentiel » et une réponse à l'aspiration profonde des populations africaines quant au respect de leur dignité, de leurs cultures et de leurs valeurs.

Cette conviction que le *moment africain* du monde approche nous a animés lorsque nous avons lancé le projet « Dialogue des Éthiques » et que nous avons fait le pari qu'il fallait penser les applications concrètes de la RSE pour permettre une gouvernance éthique de l'entreprise avec les Africains et non plus pour les Africains.

Mais avant que ce livre blanc ne voie le jour, nous avons dû convaincre du bien-fondé de cette approche. Au début de notre aventure, penser l'adaptation de la responsabilité sociétale des entreprises (RSE) aux contextes culturels africains a été parfois considéré comme une sorte de pari hasardeux. Nous sommes en effet encore trop peu nombreux à reconnaître que les valeurs sur lesquelles repose la RSE ont une dimension universelle et s'inscrivent dans le temps long des sociétés humaines. En ce sens, ces valeurs ne sont pas l'apanage de la seule modernité occidentale, mais le patrimoine commun de l'humanité. Vue sous cet angle, la RSE s'apparente à une sorte de « retour » ou, plus exactement, de réappropriation des traditions et des pratiques sociales qui ont été au cœur des sociétés traditionnelles. Nous sommes sans doute à la fin de ce que Karl Polanyi a appelé la « grande transformation », cette rupture historique qui a fait que l'économie n'était plus encastrée dans la société et à son service, mais autonome et n'ayant qu'elle-même pour finalité.

Unir dans un même mouvement de pensée les pratiques responsables occidentales et africaines a été notre parti pris de départ qui s'est transformé en objet d'étude au contact des acteurs des diasporas africaines, des spécialistes de la RSE et de l'interculturalité, et des entreprises partenaires.

Notre intuition de départ a été largement validée et le fruit de ce travail dépasse nos espérances. En effet, au-delà du livre blanc, l'aventure se poursuit par la création, sous une forme associative, d'un Club de la gouvernance éthique qui sera le lieu franco-africain pour penser les adaptations, les enrichissements et les modalités d'application de la RSE par les entreprises en Afrique.

De ce point de vue, le sommet de Nice a marqué un tournant car « les temps ont changé », comme l'a souligné dans son discours le président de l'Afrique du Sud Jacob Zuma. L'Afrique et la France inaugurent une nouvelle ère placée sous le signe du « partenariat rénové ». Désormais, les entreprises seront associées, et les questions de la gouvernance et du climat mises sur la table. Toujours lors de ce 25e sommet Afrique-France, les entreprises ont adopté une charte qui prône le bannissement de la corruption et loue la transparence. Autant d'éléments qui consolident le concept de dialogue des éthiques et donnent tout son rôle opérationnel au Club de la gouvernance éthique, lequel est ouvert aux entreprises françaises, internationales et africaines qui ont à cœur de faire de la RSE un pilier de leur stratégie et un axe majeur du développement économique et social en Afrique.

Je ne saurais conclure cet avant-propos sans exprimer ma reconnaissance à l'égard de Jacques Toubon et de William Bénichou

(Secrétariat Général du Cinquantenaire des Indépendances Africaines) qui ont porté une attention constante à nos travaux. Enfin, comme dans tout projet novateur, nous avons contracté une immense dette à l'égard de tous ceux qui ont apporté leur soutien financier, conceptuel, organisationnel, logistique, humain ou moral et sans qui nous n'aurions pas pu atteindre nos objectifs. Nos remerciements les plus sincères vont donc à tous ceux qui nous ont accompagnés dans la réalisation du « Dialogue des Éthiques » et qui continueront de le faire au sein du Club de la gouvernance éthique, et parmi eux :

*Patrick Auber*
*Matthieu Calame*
*Martin Carvalho*
*Joachim Cellier*
*Ayité Crepi*
*Carole Da Silva*
*Pape Diouf*
*Joseph Esoh Elamé*
*Jean-Sebastien Fanget*
*Philippe d'Iribarne*
*Emmanuel Kamdem*
*Patrick Mahamou*
*Elisabeth Saïd*
*Kag Sanoussi*
*Elisabeth Viola*
*Kléber Wandji*
*et toutes celles et ceux trop nombreux pour être cités nommément dans cet avant-propos.*

Bonne lecture à vous qui avez ce livre blanc entre les mains.

*Khalid Hamdani,*
*Directeur de l'Institut Éthique et Diversité.*

# Introduction

Le présent livre blanc restitue les apports du programme « Dialogue des Éthiques » ; il est le fruit d'un travail pluridisciplinaire initié et porté par Khalid Hamdani, directeur de l'Institut Éthique et Diversité. Ce travail a reposé sur la réflexion collective et l'implication individuelle de très nombreux acteurs (entreprises, associations, chercheurs et experts, simples citoyens…), tous attachés à promouvoir une vision éthique de la croissance et du développement en Afrique. Conçu dans le cadre d'une réflexion sur la responsabilité sociétale des entreprises (RSE), ce livre blanc rend compte d'une série de débats qui ont eu lieu au sein de l'Institut Éthique et Diversité avec les acteurs des diasporas africaines en France et avec des experts français et africains de la RSE et de l'interculturalité en Afrique. Le dialogue constant entre ces différents acteurs a permis d'identifier les pratiques responsables occidentales et africaines dans le monde de l'entreprise en Afrique francophone et de mettre en débat des propositions faites tout au long du déroulement du programme « Dialogue des Éthiques ».

Le premier chapitre, établissant l'état des lieux de la responsabilité sociétale des entreprises (RSE) en Afrique, a été rédigé par Urbain Kiswend-Sida Yaméogo (avec le concours d'Alexandre Wong) ; le deuxième et le troisième chapitre, portant sur les approches et les pratiques occidentales et africaines en matière de RSE, ont été écrits par Alexandre Wong (chercheur associé au CNRS, consultant) et ont été relus et annotés par Khalid Hamdani.

Le présent livre blanc se fixe les objectifs suivants :

– faire un état des lieux de la responsabilité sociétale des entreprises (RSE) en Afrique francophone[1] ;

– mettre l'accent sur la diversité des approches culturelles en matière de responsabilité sociétale des entreprises en Occident et en Afrique ;

– exposer les différentes pratiques responsables africaines dans les filiales des groupes internationaux et dans les entreprises africaines en Afrique francophone.

Il fait office de guide pratique destiné aux entreprises françaises et internationales désireuses de mettre en œuvre efficacement leur stratégie RSE en Afrique francophone à travers la prise en compte des contextes culturels et économiques africains.

Il constitue aussi le lieu de promotion d'un modèle éthique et économique africain – d'une « RSE déjà à l'œuvre dans les pratiques entrepreneuriales africaines» –, modèle à même de laisser entrevoir une nouvelle voie de développement.

Les informations contenues dans ce livre blanc sont tirées :

– d'une restitution des analyses faites par des acteurs des diasporas africaines en France lors des quatre séminaires organisés en novembre et décembre 2010 à Lille, Lyon, Marseille et Paris par l'Institut Éthique et Diversité dans le cadre du projet « Dialogue des éthiques » soutenu par le cinquantenaire des indépendances africaines[2] ;

– des études menées par des spécialistes de la responsabilité sociétale de l'entreprise et de l'interculturalité en Afrique francophone :

- Joseph Esoh Elamé (géographe, professeur à l'Università Cà Foscari di Venezia),

1. Cet état des lieux, établi en 2007 par U. K.-S. Yaméogo (*L'Émergence de la responsabilité sociale des entreprises en Afrique : état des lieux, enjeux et perspectives*, université Paris-XII Créteil, 2007), a été actualisé par A. Wong.

2. Une liste des contributeurs et des participants aux séminaires de novembre et décembre 2010 organisés à Lille, Paris, Lyon et Marseille, ainsi que des participants au symposium de Marseille (5 mai 2011) est établie à la fin du livre blanc.

- Alain Henry (directeur Vietnam à l'AFD),
- Philippe d'Iribarne (sociologue, directeur de recherche au CNRS),
- Emmanuel Kamdem (sociologue, directeur de l'ESSEC à l'université de Douala),
- Serge Latouche (économiste, professeur émérite à l'université Paris-XI),
- Olivier Maurel (professeur associé à l'IAE Gustave-Eiffel, université Paris-XII, consultant-chercheur),
- Jean-Pierre Warnier (ethnologue, professeur à l'université René-Descartes Paris-V),
- Urbain Kiswend-Sida Yaméogo (étudiant-chercheur en cotutelle de thèse UQAM – université Paris Est).

Ce livre blanc constitue un premier état des lieux des enjeux, des initiatives et des pratiques portant sur « les » responsabilités sociétales des entreprises (les modes occidentaux et africains de RSE) en Afrique francophone. Il a vocation à s'enrichir à l'occasion de l'organisation prochaine de séminaires dans des capitales africaines.

Il a moins pour ambition de comparer les principes éthiques occidentaux et africains appliqués au monde de l'entreprise que de favoriser la symbiose des pratiques responsables occidentales et africaines qui commandent les comportements économiques aussi bien dans les filiales des grands groupes internationaux implantés en Afrique francophone que dans les entreprises africaines. Aussi, c'est un dialogue entre les pratiques responsables occidentales et africaines dans le monde de l'entreprise que le projet « Dialogue des Éthiques » tente d'établir.

L'expertise des membres des diasporas africaines en France a été sollicitée lors du lancement du « Dialogue des Éthiques » dans le souci :

– de ne pas parler à la place des acteurs économiques africains[3] ;

3. Le colloque de Bamako organisé en janvier 2007 par l'Institut de recherche et débat sur la gouvernance (IRG) visait déjà en ce sens à « replacer la réflexion sur les modes de gouvernance dans les mains des acteurs africains eux-mêmes » (*Entre tradition et modernité : quelle gouvernance pour l'Afrique ?*, IRG, p. 11)

– d'être à l'écoute de leurs expériences économiques en Afrique et en France, et de leur connaissance des contextes culturels africains ;

– d'établir un dialogue entre les cultures économiques africaines et occidentales dont ils sont les dépositaires ;

– de fonder l'échange des pratiques responsables entre les entreprises africaines et les entreprises occidentales en Afrique sur leur maîtrise de ces deux cultures économiques.

Les acteurs économiques des diasporas africaines en France sont en cela des « passeurs » qui, en introduisant les pratiques occidentales de RSE en Afrique, sont à même, par leur connaissance des contextes économiques et culturels africains, de les adapter et de promouvoir en retour les pratiques responsables africaines.

Force, enfin, est de tenir compte en Afrique de la diversité des approches occidentales en matière de RSE : l'approche anglo-saxonne et l'approche européenne, et en particulier française, de la responsabilité sociétale des entreprises ne sont pas en effet le fruit d'une même histoire culturelle.

La mise en œuvre de la RSE est actuellement plus avancée en Afrique anglophone qu'en Afrique francophone. L'approche anglo-saxonne, fondée sur un dialogue avec les parties prenantes de l'entreprise, est par là plus diffusée en Afrique que l'approche européenne et française qui met l'accent sur le caractère durable du développement, ainsi que sur le respect des droits nationaux et internationaux par les entreprises. D'où la précaution prise, dans ce livre blanc, de ne pas confondre l'Afrique anglophone et l'Afrique francophone.

Les différents chapitres de ce livre blanc peuvent être lus séparément.

Essentiellement descriptif, le premier chapitre s'attache à faire un catalogue des cadres (économique, politique, juridique), des obstacles, et des initiatives en matière de RSE en Afrique.

Le deuxième chapitre pose le problème général de l'application de la RSE occidentale aux contextes culturels américains, européens (et en particulier français) et aux contextes culturels africains, introduisant ainsi à l'idée d'une diversité des approches en matière de RSE dans le monde.

Le troisième chapitre met en lumière une autre RSE, une RSE africaine qui ne dit pas son nom, à travers la déclinaison des pratiques responsables dans l'organisation, la gestion et le management africains de l'entreprise.

# 1.
# État des lieux de la RSE en Afrique[4]

## Cartographie du tissu économique africain : un marché hétérogène

### *La cohabitation de l'économie formelle avec l'économie informelle*

Le marché économique africain est très particulier en ce sens que l'économie formelle et l'économie informelle y cohabitent officiellement. Elles s'entremêlent et se complètent de sorte qu'il est impossible de tracer une frontière rigide entre ces deux secteurs constitutifs des économies africaines. On note même une prédominance du secteur informel dans la plupart des pays. Le secteur informel est défini par l'UEMOA (Union économique et monétaire ouest-africaine) comme l'ensemble des unités de production informelles (UPI) dépourvues d'un numéro d'enregistrement administratif et/ou de comptabilité écrite formelle. Il englobe la grande majorité des travailleurs allant des petites entreprises aux activités de survie, incluant non seulement les travailleurs indépendants et les travailleurs familiaux, mais aussi la main-d'œuvre

4. Source : U. K.-S. Yaméogo, *L'Émergence de la responsabilité sociale des entreprises en Afrique : état des lieux, enjeux et perspectives*, université Paris-XII Créteil, 2007.

salariée sous diverses formes. Les conclusions de l'étude de l'UEMOA[5] sur le secteur informel dans les principales agglomérations de sept États membres sont très révélatrices de l'hétérogénéité des marchés et des caractéristiques du secteur informel dans l'économie des pays africains.

Le secteur formel comprend les petites et moyennes entreprises locales, les grandes entreprises nationales privées, publiques et semi-publiques très structurées et les implantations des multinationales habituées à un mode de gestion moderne. On s'accorde à reconnaître que, dans la dernière décennie, et consécutivement aux ajustements structurels des économies africaines, le secteur privé s'est beaucoup développé.

### *Une présence variable de multinationales*

La présence des multinationales est relativement variable suivant le niveau de développement des pays, des secteurs et des intérêts en termes de ressources et d'opportunités de marchés. Les investissements directs étrangers sont essentiellement orientés

---

5. Les enquêtes auprès des unités de production informelles (UPI) dans les capitales économiques des pays de l'UEMOA ont été réalisées entre la fin 2001 (Bénin) et 2003 (Sénégal). Les activités informelles sont plus tournées vers les secteurs de circulation des biens (45 % des UPI exercent dans la branche « commerce »), les deux autres secteurs se partageant presque équitablement le complément (environ 28 % pour les UPI industrielles et 26 % pour les UPI de services).
Les UPI exerçant dans des activités marchandes des principales agglomérations des sept États membres génèrent plus de 2,3 millions d'emplois, confirmant que le secteur informel est de loin le premier pourvoyeur d'emplois en milieu urbain :
– les UPI sont en général des micro-unités (1,53 personne par UPI) ;
– 31 % des emplois y sont salariés ; seuls 5 % des employés bénéficient d'un contrat écrit ;– le revenu moyen du secteur informel est supérieur au salaire minimum ;
– le taux d'enregistrement des UPI dans les différents registres officiels est très faible, notamment l'enregistrement au fisc (moins de 1 % des UPI des sept capitales) ;
– les principales sources de financement du capital sont l'épargne, le don ou l'héritage (entre 65 % et 95 % de la valeur du capital). Les autres modes de financement tels que le microcrédit ou le crédit bancaire restent rares.

vers les secteurs pétroliers et les industries extractives (mines)[6]. Les pays qui regorgent de ressources pétrolières et minières sont par conséquent ceux qui recueillent le plus d'investissements directs étrangers et d'implantations d'entreprises multinationales. Les multinationales sont également présentes dans les secteurs du BTP (bâtiments et travaux publics), de la banque et de la finance, de l'agroalimentaire, du textile, des télécommunications, etc.

Les pays comme l'Afrique du Sud, le Nigeria, le Soudan, le Maroc, la Tunisie, le Tchad, la Guinée équatoriale, la République démocratique du Congo (RDC), l'Algérie et la Tunisie accueillent la grande majorité des investissements directs étrangers et des implantations multinationales du continent africain dans son ensemble.

On peut remarquer que nombre de ces pays, paradoxalement, connaissent des situations de crise, des troubles politiques ou sociaux, voire des guerres civiles. Le Groupe de recherche sur les activités minières en Afrique (GRAMA) note que, « dans certaines circonstances, l'investissement dans certains pays riches en ressources naturelles peut alimenter des conflits et représenter un facteur inhibiteur de développement[7] ».

### *Les entreprises après les indépendances*

Avec les indépendances, les États africains ont hérité d'entreprises publiques dans divers secteurs économiques, qu'ils ont développées par la suite. En dehors de quelques implantations de multinationales appartenant aux anciennes puissances coloniales, les pays ne disposaient pas de secteur privé fort. L'État a dû ainsi assurer des

6. Le Fonds monétaire international définit les IDE (investissements directs étrangers) comme des investissements « effectués dans le but d'acquérir un intérêt durable dans une entreprise exerçant ses activités sur le territoire d'une économie autre que celle de l'investisseur, le but de ce dernier étant d'avoir un pouvoir de décision effectif dans la gestion de l'entreprise », *Manuel de la balance des paiements*, Washington, 4e éd., 1977, p. 136.

7. *La Gouvernance des activités minières en Afrique : une responsabilité partagée*, mémoire présenté par Bonnie Campbell devant le Comité permanent des affaires étrangères et du commerce international, dans le cadre de l'examen de l'Énoncé de politique internationale du Canada, novembre 2005.

services, notamment dans les domaines industriels et commerciaux. L'État providence a eu une présence quasi permanente dans tous les secteurs, soit en tant qu'acteur économique ordinaire, soit en tant que régulateur. La mission de service public et la responsabilité de la gestion et de la gouvernance des activités économiques donnent à penser que l'entreprise étatique a inscrit son activité dans le long terme pour satisfaire l'intérêt général. À ce titre, on peut être amené à penser que les entreprises publiques ont intégré, dans une certaine mesure, des considérations autres qu'économiques à leurs activités. On ne peut pour autant affirmer qu'elles furent socialement responsables. Certaines problématiques notamment en matière de gouvernance, de bonnes pratiques des affaires, de protection des droits humains ou de l'environnement n'ont pas toujours été la préoccupation des managers publics. Les difficultés qui ont découlé de décennies de mauvaise gestion ont notamment favorisé l'imposition des divers programmes d'ajustement structurel préconisant un rôle plus important du secteur privé.

### *Privatisation des entreprises publiques*

Des années 1980 à nos jours, l'Afrique a été le champ de mise en œuvre de programmes de redressement économique dits « d'ajustement structurel » (PAS). Préconisés par les institutions financières internationales (IFI) avec comme objectif principal l'amélioration des indicateurs macroéconomiques et des politiques sectorielles, les programmes d'ajustement structurel ont conduit à cantonner les interventions de l'État dans les domaines qui relèvent de sa compétence exclusive (sécurité, justice, défense, diplomatie) ou qui justifient de la mission de service public. Ils ont de ce fait favorisé le développement du secteur privé par l'ouverture de l'économie à la concurrence interne et internationale. Selon le rapport de la Commission mondiale sur la dimension sociale de la mondialisation, le développement du secteur privé n'a toutefois pas été suffisant pour compenser la diminution du rôle de l'État.

Des codes fiscaux et d'investissement protégeant peu les travailleurs et l'environnement ont été établis par les États pour attirer les investissements étrangers. Les investissements directs étrangers n'ont pas afflué malgré la multiplication des réformes pour assainir le milieu des affaires. Cet échec s'explique en grande partie en raison de l'instabilité politique, des risques de conflits armés et de l'imprévisibilité économique et financière. D'autre part et de façon de plus en plus nette entrent en ligne de compte les risques de corruption et de complicité dans les violations des droits humains et les risques d'atteinte à l'image et à la réputation des entreprises et des investisseurs.

### *Les stratégies de développement*

À la suite du Sommet du Millénaire[8] qui a érigé la question de la réduction de la pauvreté en enjeu global pour l'humanité et comme premier objectif du millénaire pour le développement, ont été élaborés, avec l'appui d'organismes des Nations unies, notamment du Programme des Nations unies pour le développement (PNUD), des Documents stratégiques de réduction de la pauvreté (DSRP)[9] ou des Cadres stratégiques nationaux de lutte contre la pauvreté (CSLP). Après l'échec de l'ajustement structurel, les institutions financières internationales ont pris le parti de financer et d'accompagner les pouvoirs publics dans la lutte

---

8. Le Sommet du Millénaire s'est tenu à New York au siège des Nations unies du 6 au 8 septembre 2000.
9. Le DSRP est établi à travers un processus participatif qui mobilise diverses parties prenantes internes et externes, notamment les bailleurs de fonds et les IFI. Il décrit les politiques, projets et programmes macroéconomiques sur une période de trois ans ou plus.
Les études nationales de prospective à long terme, initiées dans le cadre du projet « Futurs africains », ont préparé la planification des Cadres stratégiques de lutte contre la pauvreté en faveur de la réalisation des Objectifs du Millénaire pour le développement. Ces études s'intéressent à la question du développement dans toutes ses dimensions dans un horizon temporel de vingt-cinq ans. Elles entendent impliquer tous les acteurs du développement, y compris les entreprises et la société civile, et servir de base à l'élaboration et à la mise en œuvre de certains instruments et outils de politique de développement.

contre la pauvreté pour favoriser l'accès des populations aux biens et services de base. Ces processus multi-acteurs mobilisent l'administration, le secteur public, le secteur privé, ainsi que les organisations de la société civile à divers stades et à divers degrés.

Les États africains disposent aussi de Stratégies nationales de développement durable (SNDD) ou d'un outil stratégique équivalent. Ces SNDD, contrairement aux SNDD européennes, voient le développement durable essentiellement sous l'angle de la protection de l'environnement, de la biodiversité, de la gestion intégrée des ressources naturelles, notamment des eaux, de la gestion des déchets, des pollutions sans aborder le volet social. D'où, dans beaucoup de pays africains, une coordination peu évidente entre la SNDD et les Documents stratégiques de réduction de la pauvreté.

## Les organisations intergouvernementales en Afrique, cadres propices à l'éclosion de la RSE

Le cadre juridique et institutionnel en Afrique s'articule autour de politiques développées au sein d'organisations d'intégration régionale ou sous-régionale et de législations communautaires ou nationales régissant la vie et l'activité des entreprises qui peuvent servir d'appui ou de fondement à la RSE. Deux organisations intergouvernementales posent des cadres propices à l'éclosion de la RSE : l'Union africaine (UA) et l'Union économique et monétaire ouest-africaine (UEMOA).

### *La stratégie de l'Union africaine pour assurer un développement durable au XXIe siècle : le NEPAD*

Née de l'Organisation de l'unité africaine (OUA), l'Union africaine (UA) est une structure de coopération intergouvernementale qui a pour ambition d'assurer une intégration à la fois politique et économique. L'intégration économique semble se dessiner à travers le Nouveau Partenariat pour le développement de l'Afrique (NEPAD), une initiative qui se positionne comme une stratégie intégrée de développement. Le NEPAD offre à la fois une vision et un cadre stratégique de développement destiné à « stopper la marginalisation persistante de l'Afrique dans le processus de mondialisation ». Il vise à promouvoir un cadre socio-économique intégré de développement pour l'Afrique par la prise en compte des défis majeurs qui se posent au continent tels que l'accroissement de la pauvreté et de la misère ou la persistance du sous-développement économique.

Sa stratégie de développement durable fixe comme priorités :

– l'établissement de conditions favorables au développement durable, notamment à travers la démocratie et la bonne gouvernance politique, économique et d'entreprise, le renforcement des capacités et le développement de compétences ;

– la réforme des politiques et l'augmentation des investissements dans des secteurs prioritaires : l'agriculture, le développement humain (santé, éducation, sciences et technologies), les infrastructures (l'énergie, les transports, l'eau et l'assainissement), le commerce (la promotion de la diversité de la production et des exportations, le développement du commerce intra-africain et l'accès aux marchés des pays développés, l'environnement) ;

– la mobilisation des ressources aussi bien internes qu'étrangères.

Ce plan stratégique de développement de l'Afrique est devenu aujourd'hui la référence ultime et pose les cadres d'un renforcement du secteur privé et de la participation de celui-ci à tous les stades du développement. Par conséquent, il conduit l'entreprise à envisager, voire à assumer, d'autres responsabilités vis-à-vis du développement africain.

### *Le programme qualité de l'UEMOA*

L'UEMOA, qui regroupe huit pays ouest-africains (Bénin, Burkina Faso, Côte d'Ivoire, Guinée Bissau, Mali, Niger, Sénégal, Togo) avec une superficie de 3,5 millions de kilomètres carrés et 70 millions d'habitants, est l'organisation africaine d'intégration la plus avancée. Elle dispose d'une monnaie unique et d'un marché commun en vigueur depuis le 1er janvier 2000. Ses pays membres partagent des critères de convergence macro-économique et des politiques communes dans certains domaines comme la politique agricole de l'Union (PAU), la politique industrielle et le programme qualité[10]. Le programme qualité de l'Union a conduit à l'adoption d'un schéma d'harmonisation des activités d'accréditation, de certification, de normalisation et de métrologie visant à favoriser l'insertion harmonieuse des États dans le processus de mondialisation par la levée des obstacles techniques au commerce. Il met ainsi en place non seulement un cadre juridique de coopération régionale en matière de qualité, mais aussi des mécanismes de coordination et de pilotage ainsi que des structures techniques de soutien.

L'UEMOA se pose par ailleurs des questions sur l'opportunité d'intégrer la problématique RSE dans le cadre de ce programme.

**Le cadre juridique africain**

Les États africains disposent de diverses législations régissant la création et l'activité des entreprises. La tendance a été d'évoluer vers une harmonisation des systèmes juridiques et comptables, une volonté qui s'est matérialisée avec l'adoption des actes uniformes de l'Organisation pour l'harmonisation en Afrique du droit des affaires (OHADA) par seize États francophones[11] et d'un système comptable ouest-africain (SYSCOA) au sein de l'UEMOA. L'obligation de reddition de comptes financiers est consacrée par les articles 13 à 17 de l'acte uniforme sur le droit commercial général de l'OHADA et l'article 19 du règlement relatif au droit comptable dans les États de l'UEMOA.

Ces textes n'obligent nullement ni ne recommandent aux entreprises l'intégration de considérations d'ordre social ou environnemental dans leurs rapports ou dans leur comptabilité. La plupart

---

10. Débuté en septembre 2001, le programme qualité s'est clos en décembre 2005 pour laisser la place à une structure désormais permanente que constitue le schéma d'harmonisation des activités d'accréditation, de certification, de normalisation et de métrologie.

11. Dans les actes uniformes de l'OHADA, l'entreprise n'est pas définie. Celle-ci est traduite à travers la notion de « commerçant personne morale » ou de « société commerciale ». En septembre 2009 a été lancé un concours de la meilleure gouvernance d'entreprise dans la zone OHADA.

des législations nationales exigent cependant la conduite d'étude d'impact environnemental pour l'exécution de projets à grand impact environnemental ou l'établissement de notice, voire de mini-notice, d'impact environnemental pour les projets de moindre ampleur.

Le cadre juridique peut être complété par l'ensemble des engagements internationaux pris par les États africains. Bien qu'elles ne soient pas les destinataires directs des obligations créées par les conventions internationales (les conventions de l'Organisation internationale du travail – OIT – et les conventions relatives à la protection de l'environnement), force est de reconnaître que les entreprises ne sauraient entreprendre des activités contraires à l'esprit et à la lettre de ces conventions. La Déclaration universelle des droits de l'homme, renforcée par une autre résolution de l'Assemblée générale des Nations unies, énonce « le droit et la responsabilité des individus, groupes et organes de la société de promouvoir et protéger les droits de l'homme et les libertés fondamentales universellement reconnus[12] ».

## Les obstacles au développement en Afrique

### *Marginalisation économique*

L'Afrique pèse moins de 2 % dans le commerce mondial. Divers facteurs généraux sont invoqués pour expliquer la situation de marginalisation dans laquelle elle se trouve :

– les réformes politiques et juridiques sont très souvent parcellaires et non coordonnées, ce qui conduit à une multiplication de cadres institutionnels et de textes juridiques qui ne trouvent pas à s'appliquer ;

– l'Afrique a une longue tradition de production et de marchés à petite échelle. Cette caractéristique s'explique par une faible industrialisation et par le poids important de l'économie informelle ;

12. Assemblée générale des Nations unies, *Déclaration sur le droit et la responsabilité des individus, groupes et organes de la société de promouvoir et protéger les droits de l'homme et les libertés fondamentales universellement reconnus*, résolution 53/144 du 8 mars 1999.

– beaucoup de pays africains disposent d'une main-d'œuvre abondante et peu coûteuse. Cependant, une bonne partie de cette main-d'œuvre n'est pas qualifiée ou ne dispose pas de compétences en adéquation avec les besoins du marché;

– l'absence ou la faiblesse des contraintes érigées par les législations peut constituer plus un risque qu'une opportunité pour les entreprises nationales et étrangères ;

– les économies continuent à dépendre des matières premières agricoles et minières exportées sans transformation et donc sans valeur ajoutée, sans compter leur vulnérabilité aux aléas climatiques du fait de la nature des produits agricoles exportés ;

– les marchés des pays développés sont difficiles d'accès, en particulier dans le domaine agricole, en raison des normes sanitaires et techniques en vigueur dans ces pays ;

– les IDE (Investissements directs étrangers) étant orientés vers les pays qui disposent de ressources pétrolières et minières, leur répartition est inégalitaire ;

– les pays africains ont établi des liens économiques plus étroits avec leurs anciennes puissances coloniales respectives qu'avec d'autres pays africains ;

– l'intégration des Africains aux organisations de réflexion sur la gouvernance mondiale et aux institutions internationales de recherche académique est faible.

### *Illégalité*

Les contournements législatifs, l'exploitation des failles de la réglementation, notamment en matière fiscale, ou le lobbying favorisant l'apparition d'exigences légales au rabais constituent des pratiques qui ne sont pas méconnues dans le milieu des affaires africain. Des entreprises nationales ou multinationales ont été accusées de faire et de défaire les pouvoirs locaux ou de piller les ressources locales en profitant de situations échappant au contrôle des gouvernements. En octobre 2002, un groupe d'experts des Nations unies enquêtant sur l'exploitation illégale des ressources en République démocratique du Congo a publié un rapport qui dénonce les activités des sociétés engagées dans le commerce très souvent illégal des diamants et l'extraction d'autres ressources[13].

### Opacité

Les réglementations et législations organisent la reddition des comptes financiers dans le cadre des obligations comptables à la charge des entreprises vis-à-vis de l'État et de ses propriétaires (les actionnaires). Cependant, les réglementations sont muettes quant à la reddition des comptes aux autres parties prenantes de l'entreprise sur ses performances environnementales et sociales. La faiblesse de l'influence des parties prenantes laisse à l'entreprise africaine, en dehors de toute pression externe (de donneurs d'ordres, du groupe ou de la maison mère), la latitude de s'enfermer dans l'opacité complète quant aux impacts de ses activités sur la société.

### Corruption

Beaucoup d'États ont adhéré à la Convention des Nations unies contre la corruption et mis en place des structures et mécanismes de surveillance et de répression de la corruption. Cependant, l'indice de perception de la corruption de Transparency International montre que beaucoup d'États africains connaissent la corruption. L'indice de corruption des pays exportateurs (ICPE) révèle que les multinationales sont souvent à la base des pratiques de corruption[14].

13. Rapport final du groupe d'experts sur l'exploitation illégale des ressources naturelles et autres formes de richesse de la République démocratique du Congo, S/2002/1146.

14. L'ICPE évalue la propension des entreprises des plus grands pays exportateurs à verser des pots-de-vin à l'étranger. Selon Huguette Labelle, présidente de Transparency International, « L'ICPE démontre que de nombreuses sociétés des plus grands pays exportateurs continuent d'avoir recours aux pots-de-vin pour remporter des contrats à l'étranger, en dépit de la reconnaissance de l'impact destructeur de cette pratique sur la réputation des entreprises et les communautés locales » (communiqué de presse du rapport 2008 sur l'ICPE). Dans le cadre de l'Union africaine (UA), une commission spéciale de lutte contre la corruption a été créée en 2010.

### *Travail des enfants*

Les rapports de plusieurs organisations non gouvernementales témoignent de trafics et d'utilisation d'enfants dans les plantations de cacao, de café, de coton, dans l'exploitation minière, etc.[15]. L'Organisation Internationale du travail (OIT) a publié en 2010 une étude détaillée sur le travail des enfants dans le monde et indique qu'en Afrique subsaharienne une augmentation du taux d'activité des enfants a été enregistrée entre 2004 et 2008 (28,4 % en 2008 contre 26,4 % en 2004)[16].

### *Complicité dans les abus commis par des tiers et collusion*

En vertu du deuxième principe du Pacte mondial, les entreprises devraient s'assurer qu'elles ne sont pas complices de violations des droits humains. La complicité dans les abus commis par des tiers en Afrique prend plusieurs formes :

– l'implication directe ou indirecte des partenaires d'affaires, notamment des filiales, de la chaîne de sous-traitance ou des fournisseurs, dans des violations (emploi des enfants, formes de travaux forcés, affaires de corruption, etc.) ;

– les violations commises dans le cadre d'opérations de sécurisation et de protection assurées par des brigades de sécurité privées pouvant agir dans l'impunité totale ;

– les opérations dans les zones de conflits ou les liens avec les

15. *Le Travail des enfants en Afrique : problématique et défis*, Banque mondiale, FINDINGS, 194, novembre 2001 : « Autour de 5 millions d'enfants sont engagés dans des travaux rémunérés par l'agriculture de rente. La situation est particulièrement dure pendant les périodes de récoltes. Au Kenya, 30 % de la main-d'œuvre de récolte du café sont des enfants, pendant que 25 000 écoliers travaillent à risque dans les mines et plantations tanzaniennes. Beaucoup de garçons du Mali, du Burkina Faso, du Niger, du Ghana, du Togo et du Bénin émigrent pour travailler dans les plantations en Côte d'Ivoire et au Nigeria, à côté d'enfants réfugiés venant du Liberia et de Sierra Léone. »

16. *Accelerating action against child labour. Global Report under the follow-up to the ILO Declaration on Fundamental Principles and Rights at Work*, International Labour Conference, 99th session 2010, report I(B).

groupes armés ou avec les pouvoirs publics auteurs de violations des droits humains[17].

## Accès *aux médicaments, maladies pauvres ou orphelines, essais thérapeutiques*

Les poursuites judiciaires engagées par trente-neuf grands groupes pharmaceutiques contre le gouvernement sud-africain pour le non-respect de droits de propriété intellectuelle lié à la vente en Afrique du Sud de médicaments génériques contre le sida (poursuites abandonnées en avril 2001) révèlent une primauté des enjeux économiques internationaux sur les enjeux sociétaux dans le domaine de la santé en Afrique. S'explique en ce sens le manque d'intérêt des laboratoires de recherche des grands groupes pharmaceutiques pour des maladies négligées ou orphelines dont le traitement est jugé peu rentable.

De grands groupes pharmaceutiques ont de surcroît été accusés d'administrer à certaines populations africaines des essais thérapeutiques[18].

## *Expropriation, exploitation des ressources naturelles locales, biopiratage*

Les zones riches en ressources naturelles pétrolières et minières sont le lieu d'expropriations et d'exploitation des ressources locales.

17. Au Nigeria, des accusations ont par exemple été portées contre la compagnie pétrolière américaine Chevron, jugée complice de la répression sanglante menée par l'armée nigériane lors de manifestations sur le terminal pétrolier de la société Chevron Nigeria d'Escravos le 4 février 2005 (Amnesty international, *Nigeria – Pétrole et droits humains : 10 ans de violations renouvelées*, index AI : AFR 44/020/2005, 3 novembre 2005). Chevron ainsi que l'agence d'aide au développement des États-Unis USAID ont annoncé en février 2011 la création d'un fonds de 50 millions de dollars destiné au développement de la région pétrolifère du Nigeria. Cet argent est destiné à des programmes visant à favoriser le développement économique, à renforcer les capacités des institutions gouvernementales et des organisations de la société civile, ainsi qu'à réduire la violence dans la région.

18. Le Nigeria (l'État de Kano) a par exemple engagé des poursuites contre Pfizer, accusé d'avoir utilisé secrètement des enfants malades comme cobayes pendant la pandémie de méningite de 1996.

Selon Amnesty International, dix ans après les événements qui ont opposé en 1995 le peuple Ogoni et Shell Petroleum Development Corporation, l'exploitation pétrolière dans le delta du Niger continue d'entraîner des spoliations, des injustices et des violences : les riverains des installations du delta du Niger ne sont pas indemnisés quand ils sont expulsés des champs d'exploitation ; ils sont même parfois menacés d'être châtiés quand ils font obstacle à la production de pétrole ou lorsqu'ils protègent des fauteurs de troubles[19].

Les savoirs des communautés indigènes notamment en matière médicale, sont aussi frauduleusement exploités ou brevetés[20].

### *Limitation des droits sociaux*

Le rapport 2010 de la CSI (Confédération syndicale internationale) indique : « Les droits syndicaux fondamentaux sont garantis dans les Constitutions de nombreux pays africains mais, dans la pratique, ces dispositions restent souvent lettre morte. Le dialogue social est souvent limité ou inexistant et les revendications des travailleurs et de leurs représentants rencontrent fréquemment l'indifférence ou le rejet des employeurs et des autorités. De plus, même lorsqu'une convention collective a été conclue, il arrive souvent qu'elle ne soit pas respectée. Ce problème se pose en particulier dans des pays comme le Cameroun, la Côte d'Ivoire, le Kenya, le Liberia, le Nigeria et la Tanzanie. »

### *Déforestation, désertification*

La déforestation et la désertification sont le fait aussi bien des usages domestiques que de l'exploitation industrielle des forêts.

19. EFAI, AFR 44/020/2005 du 3 novembre 2005.

20. Jean Fiawoumo, *Propriété intellectuelle : le biopiratage des ressources africaines*, grioo.com : « Pour remédier au biopiratage et pour éviter un déséquilibre de la sécurité alimentaire qui pourrait découler de paysans dépendants de grands groupes pour leurs semences, l'Union africaine (UA) a adopté en 2000 une "loi modèle" sur "la protection des droits des communautés locales, des agriculteurs et des obtenteurs et sur les règles d'accès aux ressources biologiques". Cette loi reprend les grands axes de la CDB de Rio et a été conçue comme un cadre permettant aux États africains d'harmoniser leurs positions. »

Selon le PNUE (Programme des Nations unies pour l'environnement), l'Afrique perd ses forêts au taux de 0,8 % par an (5 262 000 ha).

### *Déchets*

Les exportations en Afrique de déchets industriels présentent un danger dont les entreprises exportatrices des pays industrialisés et les entreprises ou autorités publiques des pays importateurs ne tiennent pas toujours compte[21].

### *Mauvaise qualité des produits*

La faiblesse des ressources financières conduit les populations à accorder plus d'importance au prix qu'à la qualité. L'Afrique est de plus en plus la destination de produits usagés (ordinateurs récupérés et réemployés, véhicules de seconde main ou d'occasion à l'origine d'importantes pollutions).

### *Manque de dialogue avec les communautés locales*

La relation avec les communautés locales est la condition aussi bien de l'acceptation de l'entreprise et de ses activités que de l'efficacité de sa contribution au développement de l'environnement social dans lequel elle opère. Le manque de dialogue parfois observé entre les entreprises et les communautés locales favorise un climat de violence (répressions des populations par les autorités publiques, rapts d'employés, attaques contre les installations pétrolières, etc.)[22].

## La RSE, une notion peu connue, un débat public émergent en Afrique[23]

La RSE est l'objet d'un débat public naissant et embryonnaire dans la plupart des pays africains. Dans les pays africains anglophones

21. Le déversement en Côte d'Ivoire en 2006 de 581 tonnes de déchets toxiques pétrochimiques en provenance d'Europe par le Probo Koala en est une illustration.
22. La relation entre Shell Petroleum Development Corporation et les riverains des installations pétrolières du delta du Niger en est un exemple.
23. Source : réponses au questionnaire construit par U. K.-S. Yaméogo dans le cadre de son état des lieux de la RSE en Afrique (*L'Émergence de la responsabilité*

en général, et en Afrique du Sud en particulier, l'intérêt pour cette question est plus marqué et diverses initiatives ont été lancées. Le débat s'institutionnalise au Maroc, en Tunisie et dans d'autres pays francophones, même s'il reste encore interne à quelques organisations. La RSE n'est pas un sujet de discussion publique pour le moment, mais des universitaires, des acteurs du milieu des affaires, des associations et des ONG, des experts-consultants y voient un intérêt à la fois personnel et professionnel qui semble être en lien avec le débat international et l'agenda mondial sur la RSE. Cependant, la question fait l'objet d'un débat citoyen qui mobilise une partie des médias et des opinions publiques, notamment au Sénégal, au Maroc ou en Tunisie.

Il semble par ailleurs que les initiatives internationales en matière de RSE soient en général peu connues des acteurs africains : il n'existe pratiquement pas de clubs d'affaires qui échangent autour de la RSE. Quand c'est le cas, ce qui reste rare, ces clubs d'entreprises ou d'employeurs regroupent les filiales d'entreprises étrangères implantées dans le pays. Quelques entreprises disposeraient de chartes ou de codes de conduite ou de déontologie, mais la pratique de ces réglementations est assez récente[24].

---

*sociale des entreprises en Afrique : état des lieux, enjeux et perspectives*, op. cit.). Ce questionnaire a été diffusé auprès d'acteurs africains et français opérant en Afrique et auprès d'autres personnes intéressées par les enjeux de RSE dans les pays du Sud, et en Afrique en particulier.

24. En mai 2004, le Groupement inter-patronal du Cameroun (GICAM), la plus importante organisation représentative patronale camerounaise, a ainsi élaboré et adopté un code éthique désormais considéré comme un « acte fondateur » de cette organisation patronale. En mars 2009, l'Institut sénégalais des administrateurs (ISA) a favorisé l'élaboration d'un code de gouvernance d'entreprise. En Côte d'Ivoire, en partenariat avec la Confédération générale des entreprises de Côte d'Ivoire (CGECI) et la Chambre de commerce et d'industrie de Côte d'Ivoire, un code national de gouvernance d'entreprise a été rédigé. Le Cercle de l'entreprise et de l'initiative sociale (CEIS), réseau d'entreprises créé en 2008, a lancé en juillet 2010 un code éthique des affaires pour relever les défis de la compétitivité au Mali.

La presse africaine accorde une place de plus en plus importante au traitement de données informationnelles liées aux entreprises et à des problématiques de RSE, et ce, malgré une certaine méconnaissance du concept. A contrario, la notion de développement durable semble être plus familière, mais est toujours abordée sous l'angle des stratégies et des politiques publiques. Les informations relatives aux impacts négatifs des entreprises sont le plus souvent traitées dans les faits divers et font rarement l'objet de dossiers ou d'enquêtes approfondies. Le développement d'organes de presse spécialisés et de rubriques dédiées à l'économie et à la société dans la presse généraliste conduit à mettre plus en avant les questions liées aux activités et à la vie des entreprises ainsi qu'à l'impact de leurs activités sur la société[25].

Les entreprises ne semblent pas disposer de stratégie ni de politique RSE autonome. Elles héritent plutôt du code de conduite du groupe ou de la maison mère du fait de l'obligation d'être en conformité avec la stratégie ou la politique du groupe. Les filiales des multinationales dont les maisons mères ont adhéré à des initiatives internationales ne communiquent pas sur le sujet et n'intègrent pas non plus de considérations autres que financières dans leurs rapports. Le Club of Emerging Leaders for Africa (CELA) note cependant que de plus en plus d'entreprises opérant dans des secteurs variés en Afrique publient annuellement un rapport de développement durable[26].

## Les initiatives en matière de RSE en Afrique

### *Pouvoirs publics*

– Plusieurs États africains sont « membres pleins » de l'Organisation internationale de normalisation (ISO) et prennent part aux processus d'élaboration des normes à travers leurs organismes

25. Dans le quotidien de l'économie *Le Maghreb*, des articles de réflexion sur la RSE ont ainsi été publiés.
26. Club of Emerging Leaders for Africa (CELA), *Indice CELA d'évaluation de la responsabilité sociétale des entreprises en Afrique*, 2009.

nationaux de normalisation. Beaucoup d'États ne sont cependant que des membres observateurs ou des correspondants dans cette organisation.

Dans le cadre de l'élaboration des lignes directrices ISO 26000 (relatives à la responsabilité sociétale des entreprises), des comités miroirs nationaux ont été mis en place autour des organismes nationaux de normalisation. Ces comités comprennent diverses catégories d'acteurs ou de parties prenantes (pouvoirs publics, industries, organisations non gouvernementales, monde du travail, consommateurs, etc.) qui travaillent sur les propositions des groupes de travail. Des comités miroirs existent notamment en Afrique du Sud, au Cameroun, en Côte d'Ivoire, en Égypte, au Maroc, au Sénégal. Ce travail collaboratif a favorisé le rapprochement des organisations (des industries et des ONG, par exemple) et a permis à certaines d'entre elles de développer des initiatives[27].

– L'atelier régional sur la responsabilité des entreprises du secteur plastique organisé en juillet 2007 en collaboration avec l'Association internationale des volontaires laïcs (LVIA) a été l'occasion de sensibiliser les acteurs politiques, économiques et sociaux de plusieurs pays (Côte d'Ivoire, Burkina Faso, Mali et Mauritanie) sur l'importance de la normalisation pour développer la RSE et améliorer les performances de l'entreprise. L'Association sénégalaise de normalisation qui est à l'origine de cet atelier est membre plein de l'ISO et participe aux travaux du réseau francophone sur la responsabilité sociétale en vue du développement durable (réseau RSDD). Elle prend activement part aux travaux de l'ISO 26000 et, à ce titre, elle constitue un acteur essentiel de la RSE au Sénégal en tant que structure hôte du comité miroir sénégalais.

27. L'Association sénégalaise de normalisation, le Réseau Normalisation et Francophonie et l'École polytechnique de Thiès ont ainsi fait une étude auprès des entreprises sénégalaises sur l'impact économique global de la normalisation dans un pays émergent (*Rapport sur la valeur économique de la normalisation dans les entreprises du Sénégal*, février 2010).

– Le Parlement européen fait preuve d'une attention particulière en ce qui concerne les implications éventuelles et impacts possibles des activités des entreprises européennes dans les pays en développement, notamment dans les zones sensibles. Il a ainsi adopté un code de conduite qui doit guider les activités des entreprises[28].

En 1999, la Commission européenne a décidé de soumettre tout accord commercial international qu'elle négocierait à une évaluation d'impact sur le développement durable (EIDD), marquant ainsi sa volonté de renforcer la cohérence de sa politique en matière de développement durable[29]. Financées par l'Union européenne et réalisées par un consortium de consultants, les EIDD s'appuient sur les trois piliers principaux du développement durable et font l'objet de publications sous forme de rapports intermédiaires et finaux mis à la disposition du public.

– Le Canada a initié sous l'égide de son ministère des Affaires étrangères et du Commerce international des tables rondes réunissant diverses parties prenantes autour de la responsabilité sociétale des entreprises canadiennes opérant dans les pays en développement dans le secteur extractif (mines, pétrole, gaz). Ces rencontres ont pour objectif d'examiner les mesures à prendre pour permettre aux entreprises opérant dans les pays en développement de satisfaire aux normes et aux pratiques exemplaires internationales en matière de RSE. Le Canada montre par ce biais la voie à suivre et contribue de fait à l'institutionnalisation de la RSE dans les pays africains.

La RSE a été de plus mise à l'ordre du jour des dialogues interparlementaires Afrique-Canada pour conjuguer les efforts en faveur de la responsabilisation des entreprises, et en particulier celles opérant dans le secteur des ressources naturelles. Ces dialogues

28. « Résolution sur des normes communautaires applicables aux entreprises européennes opérant dans les pays en développement : vers un code de conduite », A4-0508/98.

29. « Développement durable en Europe pour un monde meilleur : stratégie de l'Union européenne en faveur du développement durable », COM(2001)264 final/2.

renforcent les capacités des parlementaires, des décideurs politiques africains dans ce domaine et les sensibilisent aux problématiques et enjeux de RSE[30].

## *Milieu des affaires*

– Au Cameroun, la constitution de la Plate-forme de coordination des entreprises contre le VIH-sida (PCGE), en 2000, sous l'impulsion du Groupement inter-patronal du Cameroun (GICAM), a véritablement marqué l'engagement du patronat dans la lutte contre le VIH-sida et la prise en charge des travailleurs malades ou infectés (actions d'information, de sensibilisation, de prévention, d'accompagnement psychologique, etc.). Cette initiative patronale a permis l'élaboration d'une charte des entreprises éthiques du Cameroun et a beaucoup contribué à la prise en compte des questions relatives à la responsabilité sociétale et à l'éthique dans les entreprises camerounaises.

– Toujours au Cameroun, le groupe bancaire français Société générale (SG), à travers sa filiale locale, la Société générale des banques au Cameroun (SGBC), organise depuis 2009 un concours international sur les pratiques de responsabilité sociale dans les filiales étrangères de ce groupe bancaire. Les équipes participantes sont constituées des étudiants (niveau master) des grandes écoles de formation universitaire, dont l'ESSEC de Douala. Cette initiative s'inscrit dans la mise en œuvre de la vision et de la stratégie de la Société générale pour la promotion de la responsabilité sociale de l'entreprise.

– Un forum sous-régional de réflexion des organisations d'employeurs d'Afrique francophone sur la responsabilité sociale des entreprises s'est tenu à Bamako en août 2007. Organisé par le

30. Dans cette dynamique, l'ambassade du Canada au Mali a ainsi organisé, le 29 janvier 2009, en collaboration avec le ministère malien des Mines, de l'Énergie et de l'Eau, un atelier sur la responsabilité sociale des entreprises, afin de rappeler aux entreprises canadiennes de se conformer aux normes internationales et aux lois des pays d'accueil, et de répondre par là à une exigence de transparence alliant une consultation de la population et des gouvernements locaux.

Conseil national du patronat du Mali (CNPM) en collaboration avec le Bureau international du travail (BIT) et l'Organisation internationale des employeurs (OIE), ce forum a eu pour objectifs de dégager une stratégie africaine commune de promotion de la RSE sur le continent et de favoriser les échanges de bonnes pratiques ainsi que l'appropriation de la notion par les employeurs africains. Il a été l'occasion pour certaines entreprises de présenter leur engagement et leurs expériences en matière de RSE. Ce premier forum s'est conclu par une déclaration dite « de Bamako » dans laquelle les employeurs affirment partager la vision de l'OIE sur la RSE et être « convaincus de la nécessité de prendre en compte les questions sociales et environnementales dans le cadre d'un développement harmonieux et durable de chacun des pays membres de l'espace africain francophone » ; ils affirment aussi « saisir toute la portée de la responsabilité sociale de l'entreprise africaine et encouragent les dirigeants d'entreprise à s'approprier volontairement et librement ce concept et à tout mettre en œuvre pour assurer sa promotion ».

– RSE Sénégal vise depuis 2008, avec l'appui d'entreprises socialement engagées et de partenaires publics, à promouvoir la citoyenneté et la responsabilité sociétale d'entreprise au Sénégal. Est organisé chaque année un forum francophone sur la RSE à Dakar afin de faire connaître ce concept[31]. Un bulletin mensuel d'information sur les activités et les bonnes pratiques en matière de RSE a été mis en place, ainsi qu'une veille RSE bimensuelle.

– Se sont tenues en mars 2011 à Casablanca les premières Assises de la responsabilité sociale des entreprises, organisées par la Confédération générale des entreprises du Maroc (CGEM) avec la participation de décideurs, d'opérateurs, de partenaires sociaux, de membres de la société civile et d'universitaires. Ces assises visaient notamment à faire connaître le concept de la RSE, à présenter les outils et les tendances internationales en matière de RSE, à sensibiliser et

31. Le 3e forum de Dakar a été ainsi l'occasion en mars 2011 de faire connaître la norme ISO 26000.

à initier les entreprises sur l'adoption d'une démarche RSE au bénéfice de leurs salariés, de leurs clients et de l'environnement et à éclairer les participants sur l'impact de la RSE pour améliorer la gouvernance et le climat des affaires dans sa globalité. Cette manifestation s'inscrit dans la continuité des actions menées par la CGEM pour la promotion de la responsabilité sociale auprès des entreprises marocaines, notamment à travers l'adoption de la charte de responsabilité sociale et la mise en place du label RSE CGEM.

– Plusieurs entreprises dans le secteur formel ont adopté des outils et des référentiels QSE (qualité, sécurité, environnement), et ont fait l'objet d'une triple certification ISO 9001, ISO 14001 et OHSAS 18001. Cette démarche QSE a été pour certaines entreprises africaines une manière de s'engager dans le développement durable et la RSE[32].

– La plupart des multinationales implantées en Afrique placent la lutte contre le sida au rang des premières responsabilités sociales de l'entreprise. Des séminaires réunissent les entreprises autour de cette thématique, et des structures associatives se sont créées pour coordonner la lutte et apporter aux entreprises l'expertise nécessaire[33].

32. AZITO O&M, après sa triple certification, ambitionne ainsi d'« être en Afrique la référence du développement durable ». Cette entreprise d'économie mixte détenue par l'État ivoirien et EDF fournit 50 % de la consommation énergétique en Côte d'Ivoire.

33. Beaucoup d'entreprises multinationales s'appuient ainsi sur Sida-Entreprises pour développer des programmes innovants en matière de prévention et de traitement. L'association Action des entreprises contre le VIH/sida au Burkina (AECV) œuvre aussi en ce sens.

L'association Partenaires contre le sida, quant à elle, a été lancée par la Coalition mondiale des entreprises contre le sida, la tuberculose et le paludisme (GBC) et Sida-Entreprises, avec l'appui financier de l'Agence française de développement. Cette association s'investit dans la prévention et la prise en charge dans le but de renforcer la place du secteur privé (en particulier du secteur touristique) dans les programmes publics et les politiques nationales de lutte contre le sida, la tuberculose et les maladies sexuellement transmissibles (MST). Elle offre par ailleurs aux entreprises une expertise technique pour conduire des programmes internes.

La lutte s'organise au Cameroun, comme l'atteste l'adoption d'une charte contre le tourisme sexuel par des acteurs du tourisme le 2 juin 2007, à l'occasion de la première Journée mondiale pour un tourisme responsable. Cette charte vise à « lutter contre le tourisme sexuel et [à] défendre les valeurs culturelles ». Son adoption s'inscrit dans la dynamique mondiale de promotion d'un tourisme durable portée par la Coalition internationale pour un tourisme responsable.

– Se tiennent depuis 1991 des sommets Léon-Sullivan contribuant à la promotion des principes de Sullivan et à l'institutionnalisation de la RSE. Très peu évoqués au niveau international, les principes de Sullivan (Global Sullivan Principles for Corporate Responsibility) peuvent être considérés comme l'initiative pionnière en matière de RSE au niveau international, en Afrique et en particulier en Afrique du Sud sous l'apartheid, et comme le fondement même du Pacte mondial des Nations unies. Lancés en 1977 par le révérend Léon H. Sullivan, alors qu'il siégeait au conseil d'administration de General Motors, ces principes visent à soutenir et à promouvoir la justice économique, l'équité et la cohésion sociales par les entreprises partout où elles opèrent. L'initiative de Sullivan a eu aussi pour objectif d'inciter les entreprises et la diaspora afro-américaines à investir en Afrique.

– Le CIAN (Conseil français des investisseurs en Afrique) a adopté une charte du développement durable avec la volonté de lui « donner une spécificité africaine ». À travers cette charte, les entreprises membres s'engagent à respecter trois principes essentiels du développement durable : la contribution au développement économique des pays d'opération, le respect de l'autre et de sa culture et la protection de l'environnement et du patrimoine écologique. Un groupe de travail « Suivi des entreprises » vise à assurer un accompagnement des entreprises dans leurs stratégies et démarches de développement durable. Le CIAN a adopté par ailleurs en mars 2005 une déclaration sur la prévention de la corruption et a élaboré la charte entre entreprises françaises et africaines définissant leur responsabilité sociétale, à l'occasion du sommet Afrique-France qui s'est tenu à Nice en juin 2010.

– Porté par les milieux des affaires, le Forum des affaires Europe-Afrique a pour objectifs, depuis 2006, de mettre en exergue les potentialités africaines et les opportunités d'affaires entre les deux continents, de favoriser la mise en place de réseaux d'affaires et, partant, de renforcer le secteur privé africain. Un groupe de travail « Bonne gouvernance et éthique d'entreprise » a été mis en place dans le but d'approuver les meilleures pratiques en matière de gouvernance du secteur public et de promouvoir les meilleures pratiques en matière de gouvernance du secteur privé[34].

– Pour reconquérir leur image de marque, à la suite de leurs poursuites judiciaires contre l'Afrique du Sud en 1997 pour le non-respect des droits de propriété intellectuelle sur les produits antirétroviraux (ARV), de grandes entreprises pharmaceutiques ont lancé un nouveau plan pour l'Afrique qui vise à coordonner la lutte contre le sida. Sanofi-Aventis, pour sa part, a choisi de s'attaquer aux maladies tropicales négligées.

### *Société civile*

La plupart des pays africains disposent d'une implantation assez forte d'organisations de la société civile spécialisées dans le développement local, les droits humains, en passant par l'environnement, la lutte contre la corruption, etc. La société civile néanmoins demeure plus ou moins structurée selon les pays et, dans la plupart des cas, peu influente. La RSE ne semble pas être sa préoccupation majeure du fait de la faible structuration de l'entreprenariat privé et du manque d'expertise.

– La Conférence maghrébine des travailleurs sur la RSE s'est tenue à Tunis les 6 et 7 mai 2005, organisée par l'Union syndicale des travailleurs du Maghreb en collaboration avec l'Organisation arabe du travail, sur le thème de « la responsabilité sociale de l'entreprise économique ». Ont été évoqués, lors de cette conférence, les valeurs du

34. Le dernier forum s'est tenu à Tripoli en novembre 2010.

Pacte mondial, les Principes directeurs de l'OCDE à l'intention des multinationales et la Déclaration de principes tripartite de l'OIT sur les entreprises multinationales et la politique sociale. Selon les participants de cette conférence, les syndicalistes sont tenus de mieux éclaircir le concept de RSE et de fixer son contenu et ses limites de façon à le mettre au service du développement social global et à éviter les interprétations et les utilisations restrictives et intéressées.

– Une conférence des cadres d'UNI-AFRICA coorganisée par UNI et la CFDT a réuni les représentants syndicaux de divers pays francophones à Yaoundé du 13 au 17 novembre 2006 sur la thématique de la corruption. À l'issue de cette formation a été affirmée la volonté d'intégrer le concept de responsabilité sociale et sociétale des cadres dans le processus de dialogue social, de promouvoir l'éthique et la bonne gouvernance contre la corruption et la mauvaise gestion des ressources, et de mettre en place dans chaque pays un cadre de réflexion en vue de partager les expériences.

Une autre conférence syndicale s'est tenue du 28 au 29 juillet 2006 à Johannesburg sur le travail et l'environnement. À cette occasion, un module de formation a été présenté par Gabou Gueye, vice-président d'UNI-Africa, sur « le gouvernement d'entreprise, la responsabilité des entreprises : transparences financières et équité sociale ». Des programmes de lutte contre le sida se sont aussi développés au sein des syndicats afin de faire valoir les droits des travailleurs vivant avec le VIH/sida dans le milieu du travail[35].

– Des forums sociaux mondiaux se sont déroulés sur le sol africain à Bamako au Mali, à Nairobi au Kenya, à Dakar au Sénégal (en février 2011). Des forums sociaux nationaux (au Burkina[36], au

35. UNI-Africa a ainsi lancé l'Action contre le VIH-sida en Afrique à l'occasion de la 1re conférence régionale UNI-Africa tenue à Johannesburg du 15 au 18 octobre 2003 et précédée de l'appel des jeunes d'UNI-Africa à un engagement des syndicats sur ce terrain. Le 3 juin 2009, UNI-Africa a organisé à Hammamet, en Tunisie, une conférence portant, entre autres, sur le thème « VIH-sida et lieu de travail ».

36. Le Forum social du Burkina (FSB) s'est tenu du 28 au 30 mars 2007 à Loumbila près de Ouagadougou.

Mali[37]) et régionaux (Forum social ouest-africain – FSOA[38]) ont aussi vu le jour.

LEAD Afrique francophone (LAF), programme de l'organisation LEAD (Leadership for Environment and Development) créé à la suite de la conférence de Rio, a élaboré un module de formation sur la responsabilité sociétale qui est mis à la disposition des associations nationales LEAD pour amener les entreprises, les universités, les institutions de recherche et les administrations publiques à intégrer la dimension de la responsabilité sociétale. LAF cherche ainsi à créer un cadre d'actions concerté où toutes les parties prenantes collaborent en vue d'établir une veille stratégique et de s'impliquer dans les discussions internationales portant sur la responsabilité sociétale et sur la norme ISO 26000[39].

– L'Union africaine (EU), en partenariat avec la Commission économique des Nations unies pour l'Afrique (CEA), a programmé l'organisation, en juillet 2011 à Addis-Abeba (Éthiopie), du Congrès panafricain de bioéthique (COPAB), dont une des préoccupations majeures concerne l'analyse des impacts des activités entrepreneuriales et managériales sur l'environnement et le développement durable en Afrique.

– « Publiez ce que vous payez » est une initiative internationale qui vise à inciter, voire à contraindre, les entreprises du secteur extractif et les États riches en ressources minières et pétrolières à être transparents. Cette campagne internationale a trouvé des échos auprès de la société civile africaine, et des coalitions nationales se sont constituées dans divers pays où l'activité extractive des mines et des ressources pétrolières et de gaz est importante. À ce jour, au

---

37. Le Forum des peuples a eu lieu à Gao du 15 au 17 juillet 2006 et a réuni les représentants des mouvements sociaux des pays suivants : Bénin, Burkina Faso, Côte d'Ivoire, Guinée Conakry, Mali, Maroc, Niger, Belgique, Canada, France, Écosse.
38. Le 4e Forum social ouest-africain s'est déroulé du 25 au 27 janvier 2008 à Lomé au Togo et a traité de la gouvernance et de la sécurité alimentaire.
39. LAF a organisé en janvier 2009 une conférence thématique : « Responsabilité Sociétale (RSE) – Enjeux et perspectives pour l'Afrique ».

moins une dizaine de coalitions « Publiez ce que vous payez » existent à travers l'Afrique[40].

– À la suite de cette campagne "Publish What You Pay" (Publiez ce que vous payez) engagée par des ONG, Tony Blair et le gouvernement britannique ont lancé l'Extractive Industry Transparency Initiative (EITI) lors du sommet mondial sur le développement durable de Johannesburg en 2002. Cette initiative publique a connu une adhésion majoritairement africaine puisque quatorze des vingt-deux pays qui ont adhéré à cette initiative sont africains. D'autres institutions africaines comme le groupe de la Banque africaine de développement (BAD) y ont également souscrit. Cette initiative et son pendant non gouvernemental "Publish What You Pay" sont parmi les initiatives internationales de RSE les plus connues des acteurs africains dans les pays où se pose le problème de la transparence de la gestion des recettes minières et pétrolières.

### *Monde académique*

Le développement durable est bien connu et fait l'objet d'enseignements et de travaux de recherche en Afrique au sein des universités dans plusieurs filières académiques (droit, sciences économiques et de gestion, communication, journalisme, sociologie, etc.), dans des centres de recherche et des écoles spécialisées[41]. La RSE, elle, n'est pas toujours abordée en tant que discipline ou branche autonome ni en tant que module d'enseignement[42]. Des consultants universitaires s'intéressent néanmoins de plus en plus à la RSE

40. Les coalitions de la société civile sont originaires de : Mauritanie, Guinée Conakry, Sierra Leone, Liberia, Nigeria, Ghana, Côte d'Ivoire, Niger, Tchad, Cameroun, Congo Brazzaville, RDC, Gabon. La société civile est mobilisée également en Guinée équatoriale, à Sao Tomé, en Angola, à Madagascar, en Zambie, au Mozambique, en Guinée-Bissau, au Botswana et en Afrique du Sud.

41. L'Institut international d'ingénierie de l'eau et de l'environnement (2IE) offre ainsi à Ouagadougou diverses formations spécialisées liées au développement durable.

42. C'est ainsi au sein de l'Institut des sciences de l'environnement de l'université Cheikh Anta Diop de Dakar qu'a été lancée en février 2011 une unité d'enseignement et de recherche (UER) « Éthique, gouvernance, responsabilité environnementale et sociale ».

dans plusieurs pays anglophones (Afrique du Sud, Ghana, Nigeria, Kenya, etc.) et dans certains pays francophones (Maroc, Tunisie). L'Afrique du Sud est le seul pays africain où la notion de RSE ou de citoyenneté d'entreprise fait autant débat que dans les milieux académiques occidentaux. L'histoire du pays et le rôle joué par les entreprises pendant le régime d'apartheid ont été un élément propulseur.

– Créé en 1990, le Business Ethics Network of Africa (BEN Africa) réunit des professionnels universitaires de plus de vingt-cinq pays africains disposant de compétences dans l'enseignement, la recherche et la gestion des questions relatives à l'éthique des affaires. Le réseau a des représentations au Botswana, au Kenya, au Nigeria, en Afrique du Sud, en Tanzanie et au Cameroun.

– Le Centre for Corporate Citizenship, un cursus des facultés des sciences économiques et de gestion de l'université d'Afrique du Sud (UNISA), s'investit aussi bien dans l'enseignement, la formation que dans la recherche et le plaidoyer en faveur de la RSE, et développe un programme d'accompagnement et de conseil des professionnels dans la conduite du changement et l'intégration de la RSE dans les pratiques managériales. À la suite de l'UNISA, d'autres universités ont développé des enseignements qui intègrent la RSE[43].

– Organisation multi-parties prenantes née en Afrique du Sud en 2001, l'African Institute of Corporate Citizenship (AICC) développe plusieurs programmes en faveur de la RSE en Afrique.

L'Africa Corporate Sustainability Forum (ACSF), un des premiers programmes majeurs de l'AICC établi en 2005, permet à

43. C'est le cas de la Graduate School of Business du Cap et du Leadership Centre de l'université du Natal qui développe, en partenariat avec la National Business Initiative (NBI) et l'International Business Leaders Forum (IBLF), un programme de master entièrement consacré à la RSE. Dans d'autres pays comme le Nigeria et le Kenya, des enseignements intègrent aussi la RSE en général ou la gouvernance des entreprises et l'éthique des affaires comme à la Lagos Business School logée au sein de l'université panafricaine du Nigeria et au Eastern and Southern Management Institute de Nairobi.

divers acteurs d'échanger des expériences relatives aux défis africains en matière de RSE.

Le Centre for Sustainability Investing (CSI), créé en 2003, permet quant à lui à l'AICC d'évaluer l'impact sur le développement durable en Afrique des innovations dans le secteur des produits financiers, des mécanismes de marché et des structures de régulation.

Le programme de compétition et d'innovation (Competitiveness and Innovation) vise à renforcer les capacités institutionnelles des organisations de la société civile pour leur permettre de s'engager avec les entreprises sur le terrain de la RSE.

ReportCom est une plate-forme de recherche, d'implication et d'échanges de connaissances et d'expériences sur le reporting en matière de RSE et de développement durable en général.

– L'Institut africain pour la citoyenneté d'entreprise est l'initiateur de la convention de l'African Corporate Citizenship organisée en collaboration avec le Centre for Corporate Citizenship de l'université d'Afrique du Sud (CCC – UNISA) à Johannesburg. La convention réunit les chefs d'entreprise, de gouvernement, d'organisations de la société civile d'Afrique et du monde afin de favoriser les échanges de points de vue et la construction de visions partagées. La deuxième convention qui s'est tenue en septembre 2004 a souligné l'inadéquation entre les approches des pays développés en matière de RSE et les réalités contextuelles de l'Afrique, ainsi qu'une claire divergence entre l'agenda global de la RSE et celui de l'Afrique[44].

– Le Centre de recherche et d'action pour la paix (CERAP), institution d'inspiration chrétienne créée en Côte d'Ivoire au lendemain des indépendances africaines, comprend aujourd'hui quatre départements, dont l'Institut de la dignité et des droits humains (IDDH). L'École des sciences morales et politiques d'Afrique de l'Ouest (ESMPAO), une des deux composantes de cet institut, a pour ambition de devenir un pôle d'excellence dans la sous-région ouest-africaine en matière de formation universitaire sur l'éthique

44. La dernière convention s'est tenue en 2009.

et la responsabilité des entreprises privées, des structures publiques et des organisations de la société civile. Le master « Éthique et gouvernance » (master EG) a été créé au sein de l'ESMPAO en septembre 2008[45].

– Le Club of Emerging Leaders for Africa (CELA) a défini en 2009 un standard d'évaluation de la contribution économique, sociétale et environnementale des entreprises (camerounaises, ivoiriennes et sénégalaises) vis-à-vis de leurs parties prenantes. Un questionnaire a été distribué auprès d'un échantillon de soixante entreprises pilotes par trois écoles de commerce africaines (l'ESSEC de Douala, l'ESCA de l'INPHB Yamoussoukro et l'ISM de Dakar). Les résultats de l'enquête ont permis de faire un état des lieux des pratiques en matière de RSE et de sensibiliser les étudiants de ces écoles aux enjeux de la RSE en Afrique. Dans le cas de l'ESSEC de Douala (Cameroun), cette initiative a considérablement contribué à la justification et à la légitimation institutionnelle d'un module de formation entièrement dédié à l'éthique managériale, qui connaît une lente et difficile émergence depuis 2000. La RSE occupe une place centrale dans ce module d'enseignement universitaire.

– Le GRAMA constitue une composante de la chaire de recherche sur la gouvernance et l'aide au développement de l'université du Québec à Montréal (UQAM). Il poursuit un triple mandat de recherche, de formation et de participation aux processus de prise de décision concernant les enjeux de développement économique et social dans un contexte de croissance des activités minières en Afrique. Il a ainsi mené plusieurs études et présenté des mémorandums pour que le Canada inscrive dans ses politiques la nécessité d'élaborer des normes contraignantes à l'intention des entreprises

45. Frédéric Josselin Abé et Urbain Kiswend-Sida Yaméogo, *L'Intégration de la RSE dans les formations académiques : une perspective nord-sud par l'étude comparée du master 2 management de la RSE de l'UPEC et du master éthique et gouvernance du CERAP*, colloque international ARACT Martinique / REDFORD / UAG, 7 et 8 avril 2010.

minières afin de garantir les droits humains et le respect de l'environnement.

Une conférence internationale regroupant le plus grand réseau de chercheurs francophones dans le domaine de la responsabilité sociale des entreprises s'est tenue à Agadir (Maroc) en février 2009. Cette conférence a été le lieu d'intégration des différentes pistes identifiées dans les précédentes manifestations scientifiques portant sur ce thème[46] et a fait avancer le débat francophone sur la RSE, sa (ses) définition(s), ses acteurs, ses évaluations, les modalités pour s'assurer de son application et enfin la portée réelle de cette nouvelle composante de la stratégie des entreprises.

### *Organismes internationaux*

– Développé dans les pays africains avec l'appui d'organisations internationales (notamment avec l'appui du PNUD), le Pacte mondial est l'une des initiatives en matière de RSE les plus connues et les plus globalement acceptées par les acteurs africains. Des réseaux favorisent, dans les pays où ils sont créés, l'institutionnalisation de la RSE au niveau national, la construction d'une expertise au sein des entités adhérentes et le partage des bonnes pratiques entre les participants. Dans certains pays comme le Maroc et la Tunisie, le projet « Développement durable grâce au Pacte mondial » impliquant le BIT et une participation financière de l'Italie permet la promotion du Pacte mondial, de la Déclaration de principes tripartite de l'OIT sur les entreprises multinationales et la politique sociale, et des Principes directeurs de l'OCDE à l'intention des

46. En novembre 2008, le Groupe de recherche et d'étude en management et ingénierie du développement (GREMID) de la faculté de droit de l'université Cadi Ayyad de Marrakech a ainsi organisé à Marrakech un colloque international portant sur le thème « Développement durable, responsabilité sociale des organisations et performances économiques : bilan, enjeux et perspectives ». L'Association francophone des commissions nationales des droits de l'homme a organisé à Rabat en février-mars 2008, avec le soutien de l'Organisation internationale de la francophonie, le premier séminaire associant les différents types de parties prenantes de l'espace francophone concernées par la responsabilité sociale des entreprises.

entreprises multinationales. Le Pacte mondial organise par ailleurs des forums d'apprentissage (International Learning Forums) dans certains pays africains. Dans ce cadre a été lancée en 2006 Africa Leads, une publication compilant des expériences innovantes dans le milieu des affaires relativement à la RSE.

– Coordonné par les bureaux nationaux du PNUD et le bureau du Pacte mondial, le Growing Sustainable Business met en avant la contribution et le rôle du secteur privé dans la réalisation des Objectifs du Millénaire pour le développement, et engage ce secteur dans des partenariats innovants s'appuyant souvent sur de nouveaux modèles d'affaires. Cette initiative a été renforcée à l'issue de la publication, en mars 2004, du rapport de la Commission des Nations unies sur le secteur privé et le développement. Ont été mis en place dans un premier temps des processus consultatifs transparents sous l'égide du PNUD réunissant pouvoirs publics, entreprises, organisations non gouvernementales, bailleurs de fonds et système des Nations unies pour identifier des projets permettant de soutenir la croissance du secteur privé et de bénéficier aux communautés locales. Dans un second temps, la création d'une structure interface permanente a permis de gérer les relations entre les différentes parties prenantes impliquées dans la démarche, en lien avec le PNUD et les partenaires au développement. Le Growing Sustainable Business a apporté par ailleurs un appui à l'identification et au développement de projets de développement d'affaires durables, au financement de travaux de recherche, à la diffusion de connaissances, à l'identification d'opportunités d'investissement dans les pays participants.

– Sous l'impulsion de l'Institut de l'énergie et de l'environnement de la francophonie (IEPF) a été créé un réseau sur la responsabilité sociétale en vue du développement durable (le réseau RSDD). Lancé à l'issue du séminaire de Marrakech en décembre 2005 sur la normalisation et la responsabilité sociétale en vue du développement durable, ce réseau constitue une plate-forme offrant aux participants africains l'opportunité de confronter leurs visions, leurs approches et leurs perceptions de la RSE avec des membres d'autres pays. Le réseau affiche la ferme volonté de favoriser l'institutionnalisation de la RSE en Afrique.

– Appuyé par la Division technologie, industrie et économie du Programme des Nations unies pour l'environnement (DTIE/PNUE), l'UNEP-FI est une initiative mondiale scellant un partenariat entre le PNUE et le secteur financier privé en vue d'« explorer et [de] promouvoir les liens entre l'environnement, la durabilité et la performance financière ». Un groupe d'action régional Afrique a vu ainsi le jour avec pour objectif de soutenir et de développer une pratique financière durable en Afrique. L'UNEP-FI compte à son actif la publication d'un rapport sur la pratique bancaire durable en Afrique, qui couvre les systèmes bancaires de l'Afrique du Sud, du Nigeria, du Kenya, du Botswana et du Sénégal.

– À l'initiative de TrustAfrica (organisme international basé à Dakar et opérant dans le secteur du développement durable en Afrique) et du Centre de recherche pour le développement international (CRDI, organisme canadien) a été créé en 2006 un Fonds de recherche sur le climat d'investissement et l'environnement des affaires en Afrique (CIEA). Ce fonds a principalement pour objectifs de mobiliser, d'identifier et d'accompagner financièrement des projets de recherche universitaire ou professionnelle susceptibles de contribuer à l'amélioration durable du climat d'investissement et de l'environnement des affaires. Ce programme s'intéresse particulièrement à la recherche et à la valorisation des meilleurs relais possibles, dans les entreprises africaines, entre les formes de gouvernance traditionnelle africaine et celles importées de l'étranger.

# 2.
# « Les » RSE : adaptation de la norme ISO 26000 à la diversité des contextes culturels

## La RSE en Occident : une diversité d'approches

Pour comprendre dans quels contextes les démarches de RSE peuvent être mises en œuvre en Afrique francophone, force est d'abord de tenir compte de la diversité des approches occidentales (américaine, européenne et française) en la matière afin de révéler la complexité d'une RSE au croisement de plusieurs histoires, de plusieurs cultures. La diversité des pratiques responsables occidentales prépare à l'idée que la RSE est appréhendée diversement en Afrique, compte tenu des différentes histoires et des différentes cultures qui commandent les pratiques responsables dans l'organisation, la gestion et le management africains des entreprises.

### *Cadres normatifs*

En 1987 paraît le rapport Brundtland. Ce rapport, réalisé pour la Commission des Nations unies sur l'environnement et le développement, lance l'idée de développement durable et de prise en compte de l'impact environnemental des activités économiques, bientôt étendu à leur impact social.

En 1996, le standard SA 8000 propose de certifier par audit tierce partie le respect d'un certain nombre d'engagements volontaires des entreprises en matière de pratiques sociales.

En 1997, la Global Reporting Initiative promeut un ensemble de principes comptables destinés à fixer les règles nécessaires au « reporting sociétal » des entreprises à destination de leurs diverses parties prenantes.

En 2000, les Nations unies mettent au point le programme Global Compact, offrant le label des Nations unies aux entreprises qui s'engagent à respecter un certain nombre de principes sociaux, tandis que l'OCDE révise la même année ses axes directeurs pour faire une place aux questions de RSE.

En 2001, la France adopte une loi sur les nouvelles régulations économiques, dont l'article 116 oblige les entreprises à compléter les informations économiques et financières de leur rapport annuel par d'autres informations de nature sociale et environnementale.

En juillet 2001, la Commission européenne publie un livre vert afin de « promouvoir un cadre européen pour la responsabilité sociale des entreprises » et de consulter les acteurs économiques sur ce thème.

En 2004, l'ISO organise une conférence sur la RSE et lance un programme de travail avec pour horizon l'établissement d'une normalisation internationale. La norme ISO 26000 est lancée en novembre 2010.

## *Définitions de la RSE*

« La plupart des définitions accordent une place centrale à la notion d'engagement de l'entreprise, et spécifient que cet engagement doit aller au-delà des obligations et des attentes légales[47]. » Le contenu de la RSE varie cependant, comme l'indiquent F. Dejean et J.-P. Gond, « en fonction du niveau où se situe l'organisation (secteur, niveau national ou supranational) et de ses problématiques

47. F. Dejean et J.-P. Gond, *La Responsabilité sociétale des entreprises : enjeux stratégiques et méthodologies de recherche*, communication aux 16es Journées des IAE, 2002.

propres[48] ». Une entreprise définit la RSE en fonction des parties prenantes pertinentes de son point de vue (Danone met ainsi l'accent sur la politique humaine), alors que des organisations qui ont des ambitions plus internationales ont tendance à privilégier les relations avec les communautés locales et les familles des employés (c'est le cas de CSR Europe et de World Business Council on Sustainable Development).

### *Approche européenne de la RSE : développement durable ou avantage concurrentiel ?*

Contrairement aux États-Unis, comme l'analyse M. Capron[49], la RSE en Europe a une dimension politique, « entendue au sens large (art de faire des choix collectifs)[50] » ; elle ne fait généralement pas référence à l'éthique. La vision européenne de la RSE se fonde sur l'idée de « soutenabilité » : ce qui peut être supporté par l'environnement naturel et accepté par l'humanité sans que celle-ci s'estime être mise en danger par des activités aux effets irréversibles. On perçoit les activités économiques comme ayant inévitablement des effets provoquant le risque de faire disparaître les ressources exploitées. « Les deux textes de l'Union européenne les plus souvent référencés en matière de RSE (livre vert, 2001, et communication de la Commission, 2002) ne mentionnent à aucun moment le mot "éthique". Inversement, la référence au développement durable n'existe pratiquement pas aux USA, ni dans les discours d'entreprises, ni dans la littérature managériale[51]. »

Comme le remarque P. d'Iribarne : « Aux États-Unis, l'entreprise est vue comme élément d'une communauté (ou d'un ensemble de communautés liées aux lieux où elle est implantée).

48. *Ibid.*
49. M. Capron, *Une vision européenne des différences USA/Europe continentale en matière de RSE : pourquoi la RSE en Europe est un objet politique et non pas éthique*, conférence d'ouverture de l'Atelier international sur la RSE, université du Québec à Montréal, octobre 2006.
50. *Ibid.*, p. 3.
51. *Ibid.*, p. 3.

Cette appartenance implique une sorte de responsabilité diffuse, avec une dimension affective notable supposant une implication assez générale dans ce qui concerne ceux qui vous entourent[52]. » En France, au contraire, l'entreprise n'est pas intégrée à une communauté, mais à un ensemble politique où les responsabilités et les droits sont définis par la loi, laissant ainsi peu de place aux liens affectifs qui unissent l'entreprise et son environnement. Le souci de se conformer à des impératifs sociétaux et environnementaux prime sur la volonté de faire des bonnes actions, d'être éthique.

M. Capron souligne en ce sens que, « aux USA, la bienfaisance, corollaire du principe de responsabilité individuelle, est là pour corriger les défauts du système et les inégalités qui sont inhérentes et acceptées[53] ». D'où le recours fréquent aux fondations philanthropiques qui sont comme les substituts des politiques publiques. « Le défi du développement durable, avec l'application du principe de précaution, conduit [en Europe] à mettre l'accent sur l'anticipation plus que sur la réparation, sur la responsabilité prospective plus que sur la responsabilité rétrospective[54]. » « Aux USA, le principe est que le meilleur puisse s'épanouir sans entraves. En Europe, le vieil adage américain *Swim* or *Sink* paraît impensable ; les plus faibles, les plus vulnérables doivent être protégés (le développement durable, dans la définition du rapport Brundtland, s'adresse notamment "aux plus démunis"). Le souci européen est de ne pas accentuer ou de réduire les inégalités de façon à maintenir la cohésion sociale[55]. » Étant donné que la RSE doit dépasser les obligations légales et contractuelles, si on se réfère au livre vert de la Commission européenne (2001), la

52. P. d'Iribarne, « Les cultures et les performances », *Réalités industrielles*, mai 2011, p. 21.
53. M. Capron, *Une vision européenne des différences USA/Europe continentale en matière de RSE : pourquoi la RSE en Europe est un objet politique et non pas éthique*, op. cit., p. 7.
54. *Ibid.*, p. 7.
55. *Ibid.*, p. 8.

RSE ne saurait se résumer à des politiques de bienfaisance : elle doit bien plutôt réformer les pratiques de management.

M. Capron révèle toutefois l'existence d'un double discours dans la vision européenne de la RSE : « Au niveau des institutions européennes, l'utilitarisme stratégique a maintenant libre cours. S'il n'a jamais été absent, il est devenu la ligne de conduite officielle de la Commission de l'Union européenne depuis sa communication sur la RSE (mars 2006). Celle-ci est présentée comme le moyen pour les firmes européennes de gagner un avantage compétitif dans la concurrence internationale et les dispositifs mis en place (notation extra-financière, standardisation du reporting social et environnemental) paraissent viser l'objectif de dégager une élite d'entreprise. On est alors en droit de s'interroger sur la compatibilité de cette stratégie avec celle du développement durable[56]. »

### *Approche institutionnaliste et française de la RSE*

Comme le rappellent F. Dejean et J.-P. Gond[57], au XIX^e^ siècle, le paternalisme et des doctrines telles que le catholicisme social ont contribué en France à l'émergence de l'idée d'une responsabilité sociale des entreprises. Parallèlement à une RSE européenne marquée par le paternalisme, l'Amérique du Nord a ouvert la voie de l'éthique des affaires qui pose la question de savoir si l'entreprise existe uniquement dans le but de créer de la richesse pour ses actionnaires, ou si ses dirigeants doivent prendre aussi en compte

56. *Ibid.* p. 13. D. Plihon, dans son approche des enjeux du développement durable au XXI^e^ siècle, alerte en ce sens sur les dangers d'un productivisme appliqué aux pays émergents : si la Chine avait les mêmes habitudes de consommation de papier qu'aux États-Unis, il n'y aurait plus de forêts dans le monde à très court terme. Outil méthodologique, masque du productivisme, véritable garant d'une conduite responsable, la RSE peut être cela tout à la fois (*Le Développement durable : le défi du XXI^e^ siècle*, Centre national de documentation pédagogique, n° 176, mars 2003).
57. F. Dejean et J.-P. Gond, *La Responsabilité sociétale des entreprises : enjeux stratégiques et méthodologies de recherche*, *op. cit.*

les intérêts des autres parties prenantes (salariés, fournisseurs, clients, etc.) et de la société dans son ensemble.

À la fin de la période des Trente Glorieuses, le thème de la « réforme de l'entreprise » s'est imposé progressivement en France, accompagnant une prise de conscience liée à la nécessité de prendre en considération les dimensions « sociales » de l'économie, à la suite des événements de Mai 68. Cette question s'est retrouvée au centre des débats de la campagne électorale de 1974 et a conduit à des initiatives spontanées de la part des entreprises en matière de gestion.

Ces démarches se sont traduites juridiquement à travers la loi sur le bilan social du 12 juillet 1977. « Les questions de la quantification et de la mesure des aspects sociétaux, des limites de la responsabilité sociétale et des moyens de gérer cette responsabilité à travers un reporting et/ou un bilan sociétal[58] » ont été posées. En se cantonnant au dialogue entre employeur et employés, le bilan social « juridique » est apparu néanmoins comme l'expression d'une restriction du périmètre et de la portée de ce qui fut à l'origine un véritable « bilan sociétal ».

« Le surplus de productivité globale, mode spécifique d'évaluation de la productivité des entreprises, qui synthétise les relations économiques de l'entreprise avec ses parties prenantes[59] », a connu un réel succès dans les années 1970 et a préfiguré l'élaboration du bilan sociétal.

Les fortes attentes sociales propices à une renormalisation du travail et des rapports sociaux dans l'entreprise ont donné lieu à un renouveau du pouvoir politique en 1981 et, malgré un contexte économique difficile et une relance contestée, à la généralisation des démarches qualité et de prévention des risques, préfigurant les démarches en matière de RSE.

L'entreprise est devenue en France, dans les années 1980, une « affaire de société », cela dans un contexte de chômage persistant que l'entreprise se devait de résorber « afin de manifester son

58. *Ibid.*
59. *Ibid.*

comportement citoyen, notamment en mobilisant des techniques telles que la gestion préventive des emplois[60] ». Cette réflexion sur la citoyenneté d'entreprise, dont le Centre des jeunes dirigeants a assuré la promotion dans les années 1990, a conduit à (re)mettre en avant l'importance de la responsabilité sociétale de l'entreprise.

Depuis le milieu des années 1990, les entreprises, dans leurs discours, ont intégré le thème du développement durable et ont communiqué leur performance sociétale. Si elles ont d'abord vu dans la RSE un intérêt communicationnel lié à l'image qu'elles construisaient aux yeux de la société, elles ont aussi rapidement perçu l'aspect stratégique de la RSE à travers la reconnaissance de son caractère multidimensionnel et transversal (de ses dimensions marketing, comptable, financière et GRH que recouvrent fréquemment les problèmes sociétaux).

Les entreprises, comme le rappellent F. Dejean et J.-P. Gond[61], ont connu aussi la pression :

– des mouvements antimondialisation qui, en pointant les dérives de quelques grandes firmes multinationales, ont contribué à une plus forte prise de conscience des enjeux liés à la responsabilité sociétale ;

– d'une partie des grandes ONG, Greenpeace par exemple, qui sont passées d'un militantisme purement critique à la sollicitation et à la mobilisation directe des entreprises autour de problèmes sociétaux ;

– des consommateurs qui ont été sensibilisés par les ONG et les débats médiatiques récurrents au point de se soucier de plus en plus des conditions de fabrication des produits ;

– des investisseurs qui ont demandé des comptes sur les impacts sociétaux de la gestion des entreprises. À ces actionnaires « classiques » se sont ajoutés les investisseurs dits « socialement responsables » qui contraignent les entreprises qu'ils détiennent à adopter des comportements responsables et des stratégies de développement

60. *Ibid.*
61. *Ibid.*

durable (ce mouvement de l'investissement éthique est apparu aux États-Unis dans les années 1920).

Parallèlement, un ensemble d'acteurs se sont spécialisés pour développer une « offre d'éthique » :

– des agences de notation des dimensions sociétales du comportement des entreprises ;

– des cabinets de conseil en stratégie sociétale ;

– des observatoires et des groupes de réflexion sur les aspects éthiques et sociétaux de la gestion (l'ORSE – Observatoire sur la responsabilité sociétale des entreprises –, par exemple).

En Afrique, contrairement aux pays anglophones qui mettent davantage l'accent sur la dimension éthique et sur la relation avec les parties prenantes de l'entreprise, les pays francophones ont une approche plus institutionnaliste privilégiant la conformité des pratiques entrepreneuriales aux exigences nationales et internationales. Le milieu des affaires et dans une certaine mesure le milieu académique (les facultés de gestion en particulier), comme le constate U. K.-S. Yaméogo[62], ont néanmoins tendance, en Afrique francophone, à se focaliser sur le caractère volontaire de la RSE qui donne à l'entreprise l'initiative, de manière que le législateur se saisisse le moins possible du sujet de l'éthique des affaires et laisse aux organisations existantes le soin de définir les règles adaptées à leur environnement économique et culturel en s'appuyant sur l'obligation de transparence.

## Vers une hybridation des modes occidentaux et africains de gouvernance

P. d'Iribarne[63] constate que, malgré une pression unificatrice des modèles universels de management dans les entreprises multinationales, les manières de s'organiser dans les régions du monde restent diverses culturellement parlant.

62. U. K.-S. Yaméogo, *L'Émergence de la responsabilité sociale des entreprises en Afrique : état des lieux, enjeux et perspectives*, université Paris-XII Créteil, 2007.
63. P. d'Iribarne, *Penser la diversité du monde*, Seuil, 2008.

Il en va de même des modèles éthiques internationaux appliqués à l'entreprise – en l'occurrence de la norme ISO 26000 –, qui, s'ils ne sont pas adaptés aux contextes économiques et culturels locaux, restent sans réelle effectivité. L'universalisation des valeurs éthiques appliquées à l'entreprise demande en retour leur traduction, leur interprétation, sans quoi une conformité sans recul des pratiques entrepreneuriales aux exigences internationales risque d'être uniquement formelle. Les cultures rattrapent en cela les valeurs réputées universelles pour les enraciner, forçant les multinationales à être sénégalaises au Sénégal, chinoises en Chine.

A. Cisse[64] constate en ce sens que, outre la corruption, la pénurie de consommation et le manque de transparence, les principaux freins au développement responsable et sociétal en Afrique sont liés à une absence de partenariat véritable dans la promotion de l'innovation et du leadership africain, et à une méconnaissance de la diversité des expressions culturelles ainsi que linguistiques africaines. Force ainsi est, pour reprendre les mots de J. Ki-Zerbo, d'« inventer une version africaine positive de la civilisation contemporaine », autrement dit de dépasser les impérialismes et les hégémonies économiques, politiques et culturelles sans pour autant céder à la facilité du protectionnisme arbitraire.

Un impérialisme culturel de la part des multinationales, comme le reconnaît P. d'Iribarne[65], est non seulement moralement douteux dans son inspiration, mais aussi d'une efficacité problématique dans ses conséquences ; à l'opposé, un respect sans discernement des cultures ressemble à une démission.

## *Adaptation des valeurs éthiques des multinationales aux contextes culturels de leurs filiales*

Les valeurs ne sont pas en effet soit occidentales, soit non occidentales. P. d'Iribarne[66] révèle ainsi, dans des études de terrain

64. A. Cisse, *L'Afrique face aux défis de la responsabilité sociétale des organisations*, « La nouvelle frontière de l'Afrique – Innovation. Technologie. Prospérité », Ottawa, 4 et 5 février 2010.
65. P. d'Iribarne, *L'Épreuve des différences*, Seuil, 2009.
66. *Ibid.*

menées dans des filiales du Groupe Lafarge en Chine et en Jordanie, que les valeurs humanistes apportées par certaines multinationales ne sont pas totalement étrangères aux personnels qui travaillent pour elles en Asie, en Afrique, etc. Ces valeurs peuvent être constitutives de la culture de ces personnels au point de représenter à leurs yeux des références éthiques commandant l'amélioration possible de l'organisation, de la gestion ou du management des filiales. En sommeil, parfois peu mises en pratique dans ces filiales, elles n'attendent qu'à être réveillées.

« C'est au sein d'une culture qu'un mot prend réellement sens, qu'il évoque des réalités précises, des manières concrètes d'agir, des formes tangibles de vie en société. On peut être en plein accord sur des valeurs tant qu'on les exprime dans un vocabulaire abstrait, tout en ayant en tête des pratiques bien différentes[67]. » Ainsi, dans les discours humanistes que certaines multinationales appliquent dans leurs filiales, des valeurs se trouvent être au croisement de la culture de la maison mère et de la culture de sa filiale : l'attention aux personnes, le partage, l'exemple donné. On peut donc à juste titre parler ici d'une culture d'entreprise commune. Ces valeurs, pourtant, ne s'incarnent pas de manière identique d'un pays à l'autre.

« La rencontre d'une "culture d'entreprise" et de cultures nationales ne relève pas d'une compétition où la question qui se pose est de savoir qui va l'emporter. Une entreprise qui veut répandre les valeurs auxquelles elle est attachée n'a pas à tenter, là où elle s'implante, de s'attaquer aux grands repères au sein desquels la vie en société prend sens [...] Et cela reste vrai quand l'action de l'entreprise engendre un mode de fonctionnement d'une de ses filiales très différent de ce que l'on constate le plus communément dans le pays concerné[68]. » En incarnant des valeurs qui font référence dans un pays sans pour autant être mises en pratique dans ce pays (la valeur d'autorité ferme, juste et bienveillante, par

67. *Ibid.*, p. 144.
68. *Ibid.*, p. 148.

exemple), une multinationale peut en effet moderniser celui-ci, économiquement et socialement, sans renier sa culture. Les entreprises occidentales qui promeuvent un discours humaniste ont de ce fait un grand rôle à jouer dans de nombreux pays où il est beaucoup attendu d'un pouvoir ferme, juste et soucieux du bien de ceux sur qui il s'exerce.

Le rôle d'une multinationale est donc, comme le remarque P. d'Iribarne[69], tout autre que l'imposition à ses filiales de nouvelles valeurs, étant donné que les valeurs qu'elle met en pratique dans ses filiales y sont déjà présentes. Travailler au sein d'une multinationale, en retour, ne signifie pas oublier sa culture, « un certain regard porté sur l'existence, qui alimente une conception singulière d'une bonne manière de vivre ensemble, et notamment une vision particulière de ce que devrait être l'exercice du pouvoir[70] ». C'est à l'aune de cette conception que sont appréciées les valeurs introduites par une multinationale dans ses filiales.

Une norme étant la transcription pratique et codifiée de valeurs, il convient de comprendre l'écart qui existe entre l'imposition d'une norme (la rationalisation d'une valeur) et sa mise en pratique réelle dans les filiales où elle s'applique : c'est l'interprétation pratique individuelle d'une norme collective issue d'un corps de valeurs universelles (ou partagées par le plus grand nombre) qui conditionne son intégration et son observation effective. L'acculturation normative résulte, de ce fait, d'un filtrage culturel.

### *Dépassement du clivage sociétés traditionnelles/sociétés modernes*

« L'utilisation du terme "culture" [...] provoque, comme le note aussi P. d'Iribarne, l'intrusion dans le débat d'une sorte de mythe fondateur des sociétés dites "modernes". Selon ce mythe, l'avènement des Lumières a engendré une coupure radicale dans l'histoire de l'humanité. Un ordre traditionnel, marqué par le poids des pré-

69. *Ibid.*, p. 148.
70. *Ibid.*, p. 163.

jugés hérités du passé et un enfermement dans les particularismes d'un terroir, a été rejeté. Un ordre moderne, fruit de l'action rationnelle d'individus ayant pris leur destin en main, affranchis du carcan des traditions, ayant accédé à l'universel, a pris sa place[71]. » Quand la pensée est structurée par cette opposition, toute référence à une culture héritée conduit immédiatement à croire qu'on se met du côté de la tradition, qu'on nie l'avènement de la modernité. Il faut se rendre au contraire capable de penser la présence au cœur du plus moderne, du plus universel (dans la vie des multinationales, par exemple), d'éléments hérités porteurs de particularismes indépassables.

Pour P. d'Iribarne[72], les visions traditionalistes ou modernistes sont d'une tout autre nature que les repères qui fondent une culture donnée. Les changements de vision qui s'accompagnent de transformations dans l'ordre social sont compatibles avec une grande stabilité des repères culturels. Cela reste vrai quand on passe d'une vision conservatrice valorisant la fidélité aux traditions, aux coutumes établies, aux pouvoirs en place à une vision émancipatrice marquée par la volonté de s'affranchir du poids du passé. Réciproquement, la stabilité des repères culturels n'interdit en rien l'existence de bouleversements idéologiques majeurs. « L'assimilation courante entre une culture et un ensemble de pratiques léguées par la tradition (pratiques valorisées par une idéologie conservatrice conduisant à défendre un certain ordre social) constitue un obstacle majeur dans la compréhension des phénomènes de continuité culturelle[73]. »

Le terme « traditionnel », qu'on applique souvent aux sociétés africaines, a en ce sens été dénaturé : on croit que traditionnel veut dire figé, archaïque, voire folklorique. D'où la perception occidentale d'une Afrique toujours en retard. On oublie en fait que la tradition

71. P. d'Iribarne, *Penser la diversité du monde*, *op. cit.*, p. 95.
72. *Ibid.*
73. *Ibid.*, p. 114.

est un ensemble de valeurs transmises dans une société : étant transmises, ces valeurs traditionnelles ne demeurent pas dans le passé ; elles « croisent » les valeurs du monde moderne. C'est la rupture de cette transmission qui risque de renvoyer définitivement la tradition dans le passé.

La vraie transmission est dans la tête, elle n'est pas seulement dans l'apparence. Nul besoin de revêtir un boubou pour être africain ou être reconnu comme tel. Si on le fait, il faut pouvoir rendre intelligible le parti pris de rendre visible son appartenance à une tradition en donnant aux non-initiés les moyens d'y voir autre chose qu'une démonstration folklorique vidée de son contenu[74].

## *L'interculturalité, composante de la RSE*

La responsabilité sociétale en tant que déclinaison du développement durable dans l'entreprise ne tient pas assez compte, selon J. Esoh Elamé[75], dans son fondement théorique et dans ses stratégies opérationnelles, de la dimension culturelle et interculturelle. « Aborder la question culturelle de la responsabilité sociétale ne peut se limiter à comprendre l'impact de l'entreprise dans le développement culturel de ses communautés d'accueil. La question culturelle pousse aussi à considérer la diversité culturelle comme une composante essentielle de l'identité de l'entreprise[76] », notamment à travers l'existence d'un management de la diversité dans ses équipes. Par culture, si l'on doit suivre la définition de J. Esoh Elamé, il faut entendre « toutes les normes de comportement, les rituels d'interaction (usages, codes de politesse et de savoir-vivre),

74. Le colloque de Bamako organisé en janvier 2007 par l'Institut de recherche et débat sur la gouvernance (IRG) a aussi porté « un regard sur le passé. Non pas bien sûr pour faire de la tradition et des modes de régulation qu'elle véhicule un idéal perdu, à reconquérir, mais bien plutôt pour inscrire l'Afrique dans une modernité qu'elle maîtrise, qu'elle adapte et qu'elle enracine » (*Entre tradition et modernité : quelle gouvernance pour l'Afrique ?*, IRG, Gouvernance en Afrique, p. 11).
75. J. Esoh Elamé, « Interculturaliser la responsabilité sociétale », *Revue canadienne d'études du développement*, vol. 29, n° 3-4, 2009.
76. *Ibid.*, p. 398.

les codes de communication (la langue, les gestes, les mimes et les postures), les valeurs et croyances, la manière d'agir et de penser. À cela s'ajoutent aussi les modes de vie, les savoir-faire techniques, économiques, artistiques et environnementaux, les modes d'organisation collectifs[77] ».

Au Mali, les pratiques de gestion des ressources humaines changent ainsi sans pour autant s'occidentaliser complètement : à l'ambassade des États-Unis, lors du recrutement d'un DRH, on a ainsi évité de prendre une personne ayant fait toutes ses études au Mali ; on a préféré privilégier un candidat de nationalité américaine ayant vécu au Mali. En possession d'une culture hybride, sa gestion du personnel a été jugée plus adaptée.

77. *Ibid.*, p. 397.

# 3.
# Les pratiques responsables et sociales dans l'organisation, la gestion et le management africains des entreprises : une RSE qui ne dit pas son nom

La responsabilité des entreprises est d'emblée sociale en Afrique : l'entreprise en effet n'est pas détachable de la société qui la porte. Sa finalité est d'abord sociale avant d'être économique. Les acteurs des diasporas africaines en France sont revenus à maintes reprises, lors des séminaires de novembre et décembre 2010, sur la situation de l'entreprise et de l'entrepreneur dans un contexte africain où le social et l'humain sont au centre des préoccupations économiques. Cette économie à visage humain a été opposée à une vision occidentale et libérale qui donne la priorité à un enrichissement plus personnel que social. U. K.-S. Yaméogo reconnaît en ce sens qu'en Afrique « l'entreprise est un moyen plutôt qu'une fin ». « La création d'une affaire doit permettre au promoteur d'en vivre mais aussi de faire vivre ses proches, parents et amis, de délivrer des services à la communauté. Elle doit contribuer à raffermir le lien social et non le mettre en péril. La prospérité assure au promoteur une certaine considération ou ascension sociale. Cependant cette considération sera à l'aune de la contribution de l'entrepreneur ou de l'entreprise au bien-être social, de la légitimité que lui confère la conformité de ses activités aux exigences éthiques et enfin de l'effectivité de son ancrage territorial. À ce titre, l'obligation implicite de solidarité vis-à-vis de la communauté est fortement ancrée dans les sociétés africaines et se répercute au sein même de l'entreprise. C'est ce qui justifie qu'à l'occasion des grands enjeux nationaux (secours à des sinistrés, participation à une compétition, etc.), l'État fasse appelle à la contribution des acteurs privés[78]. »

Lors des séminaires de novembre et décembre 2010, les acteurs des diasporas africaines en France ont répondu à la question de savoir comment adapter les exigences de responsabilité sociétale de l'entreprise aux contextes culturels et économiques africains. Ils ont en ce sens identifié les valeurs éthiques et les pratiques responsables africaines qui traduisent ou complètent les exigences de RSE dans le monde de l'entreprise – aussi bien à l'intérieur des filiales des groupes internationaux qu'à l'intérieur des entreprises africaines.

Un questionnaire déclinant les principes éthiques de responsabilité sociétale contenus dans la norme ISO 26000 a été ainsi proposé comme point de départ aux discussions. Est demandé notamment dans cette norme :

– **de rendre compte :**

- des résultats des décisions et des activités de l'entreprise aux actionnaires,
- des impacts des décisions et des activités sur la société et l'environnement ;

– **d'être transparent** en diffusant clairement, justement et exhaustivement des politiques, des décisions, des activités, et leurs effets sur la société et l'environnement ;

– **de se comporter éthiquement,** en étant honnête, équitable, intègre, en prévenant et en résolvant, par exemple, les conflits d'intérêts ;

– **de respecter les intérêts des parties prenantes de l'entreprise :**

- des collaborateurs, des organisations syndicales,
- des fournisseurs, clients et consommateurs,
- des concurrents,

78. U. K.-S. Yaméogo, *L'Émergence de la responsabilité sociale des entreprises en Afrique : état des lieux, enjeux et perspectives*, université Paris-XII Créteil, 2007.

- de la société civile, des ONG,
- des médias, etc.

**– de respecter les lois nationales, les normes internationales, les droits de l'homme.**

À quoi peut s'ajouter l'exigence de lutter contre les discriminations liées à l'origine, au sexe, au handicap, à l'âge...

Malgré la diversité des cultures africaines représentées lors des séminaires de 2010, les participants ont identifié à Lille, à Paris, à Lyon comme à Marseille les mêmes valeurs et les mêmes pratiques responsables africaines, en en montrant les avantages et les limites.

À côté des exigences de RSE formalisées dans la norme ISO 26000, l'existence d'une RSE africaine qui ne dit pas son nom a été révélée par les acteurs des diasporas africaines en France à l'intérieur des filiales des groupes internationaux ainsi que dans les entreprises africaines. Cohabitent ainsi deux formes de RSE : une RSE occidentale réglementée par la norme ISO 26000 et une RSE africaine qui se fonde sur la fonction avant tout sociale de l'entreprise dans les sociétés africaines.

Une hybridation des modes traditionnels et modernes d'organisation, de gestion et de management à l'intérieur des filiales des groupes internationaux ainsi qu'à l'intérieur des entreprises africaines a été évoquée : les obligations sociales et coutumières des acteurs économiques africains cohabitent avec leur volonté d'introduire une rationalisation occidentale des modes d'organisation, de gestion et de management. Cette hybridation montre que la responsabilité traditionnelle et africaine de l'entreprise, loin de contrer la modernisation de l'économie en Afrique, l'appuie au contraire : le traditionnel est aussi moderne. En retour, c'est par la prise en compte des pratiques africaines de responsabilité sociale et environnementale existantes que les exigences de RSE pourraient être intégrées efficacement dans l'organisation, la gestion et le management des filiales en Afrique.

Quatre pratiques responsables fondamentales dans la gestion africaine de l'entreprise ont été relevées par les acteurs des diasporas africaines en France lors des séminaires de 2010. Cette identification, que le présent chapitre restitue, est confirmée par les études d'Alain Henry, d'Emmanuel Kamdem, de Serge Latouche, de Jean-Pierre Warnier et d'Urbain Kiswend-Sida Yaméogo. La responsabilité africaine des entreprises est fondée sur :

1. la capitalisation communautaire des ressources ;
2. la redistribution sociale des richesses ;
3. le maintien de la cohésion sociale ;
4. l'établissement d'un contrat moral.

**Capitalisation communautaire des ressources :** le mode de capitalisation des ressources financières est communautaire. C'est la communauté, à travers les tontines d'affaires, qui alimente le capital de l'entreprise africaine et demande des comptes aux entrepreneurs-épargnants.

Cette capitalisation des ressources financières s'étend par analogie à une capitalisation communautaire des ressources naturelles qui consiste à mettre en commun et à préserver les ressources naturelles dont les communautés dépendent.

**Redistribution sociale des richesses :** l'épargne d'affaires est liée à l'épargne de solidarité ; elle profite à la société. Rendre des comptes à la communauté des épargnants ne suffit pas ; il faut aussi satisfaire les besoins financiers de sa communauté en finançant, par exemple, un petit commerce, l'achat d'un taxi, des études, une aide à un orphelin, etc.

**Maintien de la cohésion sociale :** c'est dans la société que l'entreprise trouve son ancrage, son capital financier, relationnel, culturel, etc. ; c'est de la société que l'entreprise est responsable en retour. La création d'une affaire doit permettre en ce sens à l'entrepreneur de s'enrichir, mais aussi de faire vivre la communauté en lui délivrant des services. La redistribution communautaire des emplois (le recrutement des personnes de sa famille ou de sa communauté, qui doit être distingué du népotisme ou du clientélisme) en est un exemple. C'est en prenant ainsi en compte toutes les différences, tous les besoins (à l'intérieur d'une communauté, entre les ethnies d'un pays, etc.) que l'entreprise réussit à n'oublier, à ne léser personne et, par là, à favoriser le maintien d'une équité sociale, d'une paix sociale. D'où une gestion paternaliste de l'entreprise dans laquelle sont introduits le capital communautaire ainsi que les habitudes familiales commandant la vie en société.

**Établissement d'un contrat moral plus qu'économique entre les personnes :** l'entrée du capital et des habitudes communautaires dans l'entreprise est créatrice de confiance dans les relations économiques à travers l'observation d'un double horizon régulateur : un horizon coutumier et un horizon défini par les législations et les réglementations nationales et internationales. La vie « familiale » de l'entreprise est régie, à l'intérieur des entreprises africaines comme des filiales des groupes internationaux, par des codes implicites et explicites, oraux et écrits, traditionnels et modernes. Dans ce contexte, lors d'une négociation, d'un recrutement, d'un conflit social, etc., il n'est pas toujours besoin de formaliser les contrats ou les accords : règne une confiance qui repose sur des obligations réciproques favorisant la pratique d'une responsabilité communautaire.

## Capitalisation communautaire des ressources

Le mode de capitalisation des ressources financières est communautaire. C'est la communauté, à travers les tontines d'affaires, qui alimente le capital de l'entreprise africaine et demande des comptes aux entrepreneurs-épargnants.

### *Les tontines d'affaires : un système communautaire d'épargne*

Selon A. Henry, P. Guillerme-Dieumegard et G.-H. Tchente[79], dans les tontines à enchères des Bamiléké au Cameroun, les cotisations apportées par chaque membre, chaque mois, peuvent aller de 200 euros à 9 000 euros, ce qui donne des cagnottes d'au moins 2 000 euros à partager (des cagnottes peuvent atteindre 250 000 euros). Elles servent à financer des projets, des PME. Le bénéficiaire d'un prêt a pour obligation de le faire fructifier : 10 euros prêtés doivent

79. Alain Henry, Philippe Guillerme-Dieumegard et G.-H. Tchente, *Tontines et banques au Cameroun : les principes de la société des amis*, Karthala, 1991.

devenir 100 euros. La tontine est donc une cotisation, un capital que les membres doivent se rendre les uns aux autres tous les mois. Ce capital est reçu à tour de rôle par chacun des membres ; l'ordre des attributions fait parfois l'objet d'une négociation arbitrée par le président de la tontine.

Dans la phase de constitution et d'émergence, comme le souligne E. Kamdem[80], les tontines fonctionnent comme un système d'épargne pour assurer la mobilisation des ressources financières. Par la suite, elles assument une seconde fonction en devenant également un système de crédit permettant la redistribution d'une partie de l'épargne mobilisée aux profits des contributeurs, pour le financement de leurs projets. Ce constat peut être fait s'agissant aussi bien des tontines d'affaires que de celles de solidarité ; et permet donc d'éviter la contradiction apparente entre un système d'épargne qui ne serait pas un système de crédit[81].

Les tontines d'affaires, comme le remarque J.-P. Warnier[82], ont deux avantages : elles favorisent la rapidité d'intervention nécessaire au développement des activités économiques et la création de réseaux de relations d'affaires grâce à la rencontre régulière de leurs membres.

### *Instauration d'une éthique de la confiance entre épargnants dans les tontines d'affaires*

La remise de la cagnotte à celui qui l'a gagnée se fait selon un rite très précis. A. Henry, P. Guillerme-Dieumegard et G.-H. Tchente[83] (1991) décrivent ainsi ce rituel : les participants se lèvent, se donnent la main, forment une chaîne qui est ouverte sur la porte du lieu de réunion. Cette porte doit être ouverte afin

80. E. Kamdem, *Management et interculturalité en Afrique*, les Presses de l'université de Laval/L'Harmattan, 2002.
81. Aux Comores et dans les autres pays de confession islamique, la condamnation du *riba* (du prêt à intérêt) favorise la pratique d'un prêt d'affaires fondé exclusivement sur les valeurs de solidarité et de respect de l'engagement
82. J.-P. Warnier, *L'Esprit d'entreprise au Cameroun*, Karthala, 1991.
83. Alain Henry, Philippe Guillerme-Dieumegard et G.-H. Tchente, *Tontines et banques au Cameroun : les principes de la société des amis*, *op. cit.*

que Dieu et les défunts puissent entendre. La chaîne des mains est ouverte à l'endroit de la porte pour que l'argent puisse continuer à circuler au-dehors. Le président de séance prononce cette bénédiction : « Voici l'argent que nous avons durement gagné, nous le donnons à notre frère afin que nous restions unis en une seule bouche ; si quelqu'un parmi nous a apporté de l'argent sans pieds [c'est-à-dire de l'argent mal acquis], que cet argent retourne d'où il vient. Même si tu n'achètes avec cette épargne qu'une chèvre, il faut que cet argent rapporte et prolifère comme les liserons. » L'assistance répond : « Oui, nous sommes une seule bouche. » À ce moment-là, il arrive qu'on crache sur la liasse de billets pour ensuite la remettre au bénéficiaire qui prête serment. La cérémonie se termine par des applaudissements.

Comme l'analysent A. Henry, P. Guillerme-Dieumegard et G.-H. Tchente[84], ce rituel permet de fonder une confiance qui s'étend aux morts : dans les tontines d'affaires, on ne meurt pas, étant donné que même les morts continuent de régler leurs comptes aux tontines. La mort n'est pas en effet une excuse suffisante qui permet de s'acquitter de ses obligations : dans les tontines, même les morts paient. Ainsi, le fils d'un père décédé doit se présenter aux réunions à la place de son père : lorsque le nom du père est appelé, c'est le fils qui se lève pour cotiser. Les tontines fabriquent de ce fait de la confiance. Aussi, pour être recruté, même dans une tontine qui génère des cotisations peu élevées, le candidat doit être présenté par l'un des membres ; une enquête de moralité est menée au préalable sur son compte ; une fois qu'il est intégré, le jour où il emporte la cagnotte, un « avaliste » doit se porter garant de ses remboursements.

Dans les cultures occidentales, comme le constatent A. Henry, P. Guillerme-Dieumegard et G.-H. Tchente[85], on distingue assez généralement les champs d'activité où dominent les intérêts personnels et ceux où l'intérêt individuel est méprisé, condamné. Dans les cultures africaines, au contraire, l'intérêt personnel est parfaitement légitime, naturel ; la gratuité, elle, suscite le soupçon.

84. *Ibid.*
85. *Ibid.*

Seul le risque de dérive vers des appétits abusifs appelle la méfiance. Ainsi, dès qu'un entrepreneur monte une affaire, il se trouve l'objet des convoitises. Ce n'est pas la confiance, mais la méfiance qui travaille les relations interpersonnelles. D'où les enquêtes de moralité menées avant de recruter un nouveau tontinier et la nécessité de le faire parrainer. Face à la méfiance générée par l'affrontement des intérêts individuels, les tontines instaurent un climat de confiance et introduisent de la solidarité dans les relations entre épargnants : chacun prête à son tour son argent aux autres, personne ne prend la parole inopinément, chacun respecte autrui, etc.

### *Encadrement contraignant des pratiques financières dans les tontines d'affaires*

Contre l'opinion répandue selon laquelle l'Afrique est une civilisation de l'oral, A. Henry, P. Guillerme-Dieumegard, et G.-H. Tchente[86] insistent sur le fait que l'Afrique est aujourd'hui aussi une civilisation de l'écrit : les règlements des tontines d'affaires sont consignés avec une grande précision. On peut lire ainsi dans la réglementation d'une tontine : « La cotisation aura lieu le 25 de chaque mois à 19 heures précises (ou 7 heures du soir) au domicile du coordinateur. Passé 19 h 16, la montre du président faisant foi, le retard est consommé et il est constaté dans un cahier spécial par le censeur ; le retardataire est amendé de cinq mille francs payables avant la vente des lots ; passé la fermeture des cahiers et des documents, c'est-à-dire après les attributions des lots, gros lot et petit lot, le membre absent est déclaré défaillant ; le membre défaillant voit augmenter sa part de cotisation d'un intérêt de 20 %, qu'il devra apporter, intérêt et capital, à la prochaine séance, en plus de sa cotisation. Tout membre qui envoie son argent à temps et qui arrive par la suite ne tombe pas sous le coup du retard ni de l'absence. » De même, toute contestation de la légitimité d'une amende, qui serait infligée à un participant pour mauvaise tenue, donne lieu au doublement de l'amende. Au mauvais payeur, on demande pourquoi il n'a pas payé, ce qu'il a fait de son argent,

86. *Ibid.*

s'il peut prouver que ce n'est pas de la mauvaise volonté de sa part, etc. Une telle réprimande est très mal vécue par l'accusé dans une société où les différends sont en général réglés pacifiquement. Les très mauvais payeurs, sont, quant à eux, exclus de la communauté des épargnants ; pas d'autre solution pour eux que de s'exiler.

L'entraide et le fait de se comporter toujours de manière amicale distinguent l'homme de l'animal dans les cultures africaines. C'est pourquoi, comme le remarquent A. Henry, P. Guillerme-Dieumegard et G.-H. Tchente[87], un service rendu à un proche peut revêtir une très grande importance. Tout principe, qu'il soit moral, technique ou économique, paraît ainsi négociable dès lors qu'il s'agit d'aider un proche. La tontine permet de résister à l'abus de cette forme d'entraide en imposant des règles extrêmement contraignantes.

### *Les tontines de solidarité : un État providence sans État*

À la différence des tontines d'affaires, le montant des cotisations dans les tontines de solidarité est moins important et le recrutement des membres suit davantage les liens créés par la parenté et une origine géographique commune. Rares sont cependant, comme le souligne J.-P. Warnier (1991)[88], les hommes d'affaires qui ne participent pas aux deux types de tontines : à la tontine d'affaires, ou « Bourse d'argent », et à la tontine de solidarité, et à plus de deux tontines en même temps. « En participant à la tontine de solidarité de sa parentèle ou des ressortissants de son village d'origine (souvent associée à une caisse de secours), l'entrepreneur urbain s'acquitte de ses obligations de solidarité envers ses proches et les honore de sa présence[89]. »

Les cotisations de solidarité sont mises à la disposition de chaque membre à tour de rôle suivant un ordre déterminé ou tiré au sort. Elles servent à financer des achats de biens de consommation durables ou des investissements modestes : un petit commerce,

87. *Ibid.*
88. J.-P. Warnier, *L'Esprit d'entreprise au Cameroun*, *op. cit.*
89. *Ibid.*, p. 82.

une voiture d'occasion transformée en taxi, des études, une aide à un orphelin, etc. Grâce à ce système d'entraide omniprésente sont évitées des formes d'exclusion sociale et économique : les maisons de retraite, les sans-abri n'existent pas en Afrique ; les procédures de liquidation ne condamnent pas le gérant d'une entreprise à l'inactivité. Chacun est responsable de tout le monde. L'aide sociale de l'État se fait par là moins pressante.

Aux Comores se pose la question de savoir s'il faut ou non moderniser cet outil d'entraide en se réappropriant les pratiques ancestrales existantes. La mise en place d'un système bancaire est ainsi envisagée.

### *Les actionnaires de sang : l'entreprise-famille*

Dans le cadre de l'entreprise, l'association des collaborateurs au capital a un effet analogue à l'épargne d'affaires et de solidarité, celui de les impliquer davantage dans l'accomplissement de leurs tâches et de leurs missions, et de les responsabiliser. Le contrôle du bon fonctionnement de l'entreprise est de ce fait moins nécessaire ; l'atteinte des objectifs que l'entreprise se fixe engendre moins de tensions entre les managers et leurs équipes. Se crée ainsi une « famille » d'actionnaires à l'intérieur de laquelle chaque collaborateur est en quelque sorte un « actionnaire de sang ».

Ce mode de coopération évite de réveiller dans l'imaginaire collectif, à l'occasion de l'implantation d'une entreprise occidentale en Afrique, la représentation du « travail du Blanc » liée, comme le rappelle E. Kamdem[90], au souvenir de la traite des esclaves et du travail forcé imposé par les colons aux populations locales dans le cadre de la réalisation des routes et des lignes de chemins de fer ou du développement des grandes plantations agricoles. Le modèle familial de capitalisation se définit en opposition au modèle colonial d'exploitation du Noir par le Blanc. Dans cet imaginaire, les personnes arrachées à leurs familles sont considérées comme vendues pour servir ailleurs, sans aucun espoir de

90. E. Kamdem, *Management et interculturalité en Afrique*, *op. cit.*

retour, définitivement aliénées, détruites. Sorti du milieu communautaire, sous la contrainte (ou par choix), l'individu échoue, comme le montrent les romans initiatiques africains écrits avant les indépendances[91]. L'exil le condamne à la folie.

Le rôle joué par les femmes dans la constitution de l'épargne communautaire souligne le caractère familial de la capitalisation dans les pratiques financières africaines. Lorsqu'une famille a du poids dans une entreprise, elle est avant tout perçue comme étant un soutien financier. Au Cameroun, certaines sociétés intégrées à la mondialisation ont ainsi débuté grâce à l'argent des mères capitalisé sous la forme d'une mutuelle d'épargne. Aussi, il n'y a pas eu un renouveau du capitalisme familial comme cela a pu être le cas en France dans le secteur du luxe : le capitalisme en Afrique était déjà communautaire avant la période coloniale et le reste encore aujourd'hui[92].

Par conséquent, quand le capital est familial ou communautaire dans une entreprise, les décisions ne sont pas prises sans l'avis de la famille ou de la communauté qui apporte le capital. La liberté (de décision), de ce fait, n'est pas entendue de la même manière en Afrique et en Occident : en Afrique, on n'est pas libre de décider

---

91. Soundjata, ou l'Épopée mandingue de Djibril Tamsir Niane en est un exemple. *L'Épopée mandingue* est l'histoire d'un exil, plus exactement d'un retour d'exil. Chassé de son royaume et séparé de son griot préféré, le héros connaît une série de difficultés sur son chemin, à commencer par le jeu macabre de *wori* auquel il est convié par le méchant Mansa Konkon. Ces difficultés ont pour seul but de lui faire comprendre que son destin ne peut résider dans l'exil, mais bien plutôt qu'il doit retrouver sa véritable patrie (Egbuna Modum, « L'épopée initiatique africaine de l'époque précoloniale : l'exemple de *Soundjata* », *Éthiopiques, revue socialiste de culture négro-africaine*, n° 23, juillet 1980).

92. A. Henry, P. Guillerme-Dieumegard et G.-H. Tchente (1991) rappellent que les tontines servaient lors de la période précoloniale au commerce à longue distance : des marchands pouvaient passer des alliances avec d'autres marchands par des serments rituels qui pouvaient être sanctionnés par la peine de mort. Ces serments trouvaient leur prolongement dans l'appartenance à une même tontine.

individuellement, pour soi ; on engage la famille ou la communauté en prenant une décision. D'où l'obligation de se référer à elle.

Au Sénégal, un chef d'entreprise respecté par son personnel – ce qui favorisait une forte cohésion sociale dans son entreprise – a ainsi décidé, sous la pression d'un fonds d'investissement, de mettre en place un système de gouvernance en créant un conseil d'administration, de manière à déléguer son pouvoir, à ne plus être le seul décideur. Une confrérie musulmane très influente économiquement et politiquement au Sénégal (les Mourides), dont est issu le président sénégalais Abdoulaye Wade, n'était pas en faveur du passage à un mode exclusivement occidental de gouvernance dans cette entreprise. En entrant dans le capital et en siégeant dans le conseil d'administration, elle a tenté de maintenir la capitalisation et la gestion communautaires de cette entreprise, tant et si bien que le personnel, au fil des ans, s'est référé, pour régler des conflits sociaux entre la direction et les syndicats, à ces administrateurs mourides qui ont constitué un comité des sages non identifié dans l'organigramme de l'entreprise, et pourtant incontournable dans les prises de décision. Ce type communautaire de gouvernance mixte a montré son efficacité, même s'il ne s'est pas complètement conformé à l'exigence de transparence souhaitée par le fonds d'investissement.

### *Capitalisation des ressources naturelles*

Il est aussi possible de parler d'une capitalisation communautaire des ressources non plus financières, mais naturelles ou environnementales. L'idée de préservation des ressources communes (au-delà du lien social) est fortement ancrée dans les traditions et impose à tout membre de la communauté de protéger ces ressources dont la communauté dépend.

Au Tchad, les ressources naturelles sont gérées dans les campagnes en fonction du nombre de personnes : on ne fait pas de stock de bois, par exemple. L'entreprise satisfait des besoins collectifs sans en créer de nouveaux ; elle ne cherche pas à faire des profits sur les matières premières. Une écologie – une préservation permanente de la biodiversité – est par là déjà à l'œuvre à travers une économie rationnelle et communautaire des ressources naturelles souvent gérée par les femmes. Les exploitations industrielles des forêts vont souvent à l'encontre de cette « économie ». Des entreprises, ainsi, arrivent et abattent des forêts entières sans prendre en compte la perception que les habitants alentour ont du caractère sacré de certaines forêts[93] dont la disparition peut entraîner des perturbations sociales. C'est le cas de la forêt Godjin au Togo dont la source d'eau alimente dix villages riverains[94].

Au Burkina Faso, comme le note U. K.-S. Yaméogo[95], la pratique des totems conduit à l'interdiction de l'abattage de certaines espèces animales considérées comme ayant des liens directs de vie et de survie avec l'homme (caïmans, boas, etc.). Une vision africaine de la RSE peut donc rejoindre en partie l'approche éthique et religieuse de la RSE soutenue dans les pays anglo-saxons.

---

93. À titre d'exemple, en République démocratique du Congo, les Mongo, les Ntomba et les Ekonda considèrent les « forêts sacrées » comme étant : l'habitat des esprits des ancêtres protecteurs du village ; le lieu d'invocation de ces esprits, pour prévenir les guerres ou les maladies graves ; le lieu où se fabriquaient des fétiches devant accompagner les combattants au front, pendant la période des guerres de conquête (Henri Luketa Shimbi, mémoire soumis au XII^e^ Congrès forestier mondial, Québec, Canada) développement, vol. 29, n° 3-4, 2009).
Des enquêtes de terrain menées par les ONG Forests Monitor, Les Amis de la Terre, le World Wildlife Fund (WWF) et le Réseau africain d'actions forestières (RAAF) montrent que les activités des compagnies forestières opérant en Afrique centrale ont un impact négatif sur les forêts et les peuples autochtones. La société française Pallisco, filiale de la société Pasquet installée au Cameroun depuis les années 1970, exploite ainsi le Moabi, très prisé en Europe dans la fabrication des portes, fenêtres ou parquets, sans tenir compte du caractère sacré de cet arbre pour les communautés autochtones du Dja (J. Esoh Elamé, « Interculturaliser la responsabilité sociétale », *Revue canadienne d'études du développement*, vol. 29, n° 3-4, 2009).

94. Kokou Kouami, Adjossou Kossi et Hamberger Klaus, « Les forêts sacrées de l'aire Ouatchi au sud-est du Togo et les contraintes actuelles des modes de gestion locale des ressources forestières », *Vertigo*, vol. 6, n° 3, décembre 2005.

95. U. K.-S. Yaméogo, *L'Émergence de la responsabilité sociale des entreprises en Afrique : état des lieux, enjeux et perspectives*, *op. cit.*

La préservation de la vie s'étend aussi, à l'intérieur de l'entreprise, à la manière dont on « manage » les collaborateurs, les fournisseurs, etc. : les ressources humaines et naturelles sont traitées avec le même respect, l'homme et la nature n'étant pas séparés dans les cultures africaines.

La capitalisation communautaire des ressources ouvre par conséquent sur trois autres pratiques responsables fondamentales :

– la redistribution sociale des richesses : l'épargne d'affaire est liée à l'épargne de solidarité ; elle profite à la société ;

– le maintien de la cohésion sociale : c'est dans la société que l'entreprise trouve son ancrage, son capital (financier, relationnel, culturel, etc.) ; c'est de la société que l'entreprise est responsable en retour ;

– l'établissement d'un contrat moral plus qu'économique entre les personnes : l'épargne est un élément créateur de confiance dans les relations économiques à travers l'observation de règlements, de codes communautaires (écrits ou oraux) contraignants.

## Redistribution sociale des richesses

L'épargne d'affaires est liée à l'épargne de solidarité ; elle profite à la société. Rendre des comptes à la communauté des épargnants ne suffit pas ; il faut aussi satisfaire les besoins financiers de sa communauté.

### *Le profit collectif avant le profit personnel : donner, recevoir, rendre*

Dans les cultures africaines, il n'y a pas de rapport vénal à la marchandise ; l'échange part du don : « Je n'existe que parce que je donne. » La relation de réciprocité a cela de particulier que la contrepartie n'y a pas forcément la même valeur que le don initial, l'important étant de rendre. E. S. Ndione illustre ainsi cette logique de l'échange : « Un griot remboursera par ses éloges, ses flatteries et sa connaissance de l'histoire vraie ou imaginaire de la famille [...]. Un marabout remboursera en termes de prières ou de bénédictions ou de gris-gris ou de protections sociales à travers les nombreux réseaux auxquels il a accès. Il remboursera aussi, en étant solidaire de celui qui lui a donné, dans les circonstances importantes que sont le mariage, le baptême et la mort, en étant prêt à lui rendre service de n'importe quelle manière, pour peu qu'on lui demande[96]. » Par là, la valeur des biens échangés n'est pas mesurée, mais symbolique, comme le confirme E. S. Ndione : « Rendre en terme réel avec le même volume, le même contenu, la même couleur, la même odeur apparaît aux yeux de beaucoup comme un appauvrissement des relations[97]. »

E. S. Ndione remarque ainsi que, dans les quartiers populaires de Dakar, les sommes d'argent qui circulent entre les « reliés » (les personnes qui entretiennent des échanges monétaires et relationnels) ne sont pas seulement destinées à un investissement économique ou matériel, mais aussi et surtout à un investissement relationnel[98]. Un système d'interconnexion existe ainsi entre le capital financier et le capital relationnel.

À Grand Yoff (Dakar), S. Latouche fait le même constat : « Le lien social fonctionne sur l'échange ; mais l'échange, avec ou sans monnaie, repose plus sur la réciprocité que sur le marché. On est en présence de la triple obligation de donner, de recevoir et de rendre telle que l'analyse Marcel Mauss. Ce qui est central et fondamental dans cette logique du don, c'est que le lien remplace le bien[99]. »

La prééminence des normes de réciprocité et de redistribution, dans les pratiques de management, dénote de même, comme l'analyse J.-M. Servet[100], des formes d'épargne non monétarisées, un système d'épargne en nature ou encore d'épargne d'investissement : le service rendu ou le don effectué (l'investissement initial)

96. E. S. Ndione, *L'Économie urbaine en Afrique : le don et le recours*, Karthala, 1994, p. 189.
97. *Ibid.*
98. *Ibid.*
99. S. Latouche, *L'Autre Afrique : entre don et marché*, Bibliothèque Albin Michel Économie, 1998.
100. J.-M. Servet, « Représentations de la monnaie et des supports d'épargne et limites de la mobilisation de l'épargne informelle en Afrique noire », in G. Henault et R. M'Rabet (dir.), *L'Entrepreneuriat en Afrique francophone : culture, financement et développement*, Libbey, 1990.

est appelé à produire une plus-value qu'on attend de recevoir en retour.

E. Kamdem illustre cette logique de production d'une plus-value relationnelle en relatant un malentendu à la base d'un projet de partenariat au Cameroun entre un entrepreneur africain et son partenaire américain : l'entrepreneur camerounais a tenté de faire comprendre à son partenaire américain que les principes de l'efficacité productive et de la rentabilité financière n'étaient pas les seules exigences à prendre en compte quand on fait des affaires en Afrique. L'ambition personnelle de réussir socialement en accumulant des richesses y est en effet contrebalancée par la contrainte de redistribuer totalement ou en partie les richesses accumulées pour légitimer son statut et son prestige au sein de sa communauté. Il ressort ceci de cet exemple : « La réussite par et pour soi est considérée comme une attitude méprisante à l'égard du reste de la communauté. La réussite n'a de sens, pour cette dernière, que si les fruits sont partagés et redistribués au sein de vastes réseaux comprenant parents, amis, politiciens, voire des inconnus. C'est de cette façon que l'individu qui réussit trouve son utilité aux yeux de sa communauté[101]. »

### Donner, recevoir, rendre sans corrompre

Si la corruption est un état de fait qui parasite les relations économiques et politiques à tous les niveaux des appareils étatiques en Afrique, elle n'est pas une valeur africaine. Les cadeaux qui sont reçus ou rendus au sein d'une communauté, en effet, sont plus symboliques que matériels : offrir un morceau de tissu, du Cola, ou donner de l'argent, ces dons ou contre-dons ont la même valeur.

Aussi, il n'est pas légitime d'assimiler le système d'échanges communautaire à du clientélisme mafieux, comme le souligne S. Latouche : « Dans la sphère du don, la relation de parenté ou d'amitié précède à la fois logiquement et ontologiquement les

101. E. Kamdem, *Management et interculturalité en Afrique*, *op. cit.*, p. 243.

relations d'échanges et d'affaires. L'économie est au service du réseau, et non le réseau au service de l'économie. Et cela même si toute pensée intéressée n'est pas absente de la constitution des réseaux ou dans la décision d'adhérer à un réseau déjà constitué. Dans la corruption, l'intérêt matériel est central, quasi exclusif, la contrepartie du don précise, les délais de retour irrémissibles. Tout cela ne se rencontre pas dans la figure authentique du don. Les familles de la mafia et celles de la sous-traitance sont gangrenées par la logique marchande[102]. »

Selon la formule de S. Latouche, « le don est un pari sur un avenir incertain[103] » : si les attentes sont précises, elles n'épuisent pas les motivations du don ; la réalisation des attentes est incertaine ; l'évaluation quantitative des prestations est impossible ; enfin, la relation n'est pas soldée par la production de la contrepartie.

La corruption elle-même, comme le souligne E. Kamdem, est mise au service de la redistribution sociale des richesses : « Les biens publics que l'individu s'approprie légalement ou illégalement (en contournant subtilement la loi), les "bakchichs", "pots-de-vin", "commissions" et autres "pourboires" exigés à l'occasion de prestations des services ou des négociations d'affaires permettent d'accumuler des ressources plus ou moins destinées à la redistribution[104] » – plus à la consommation, d'ailleurs, qu'au réinvestissement. Le corrompu « n'est ainsi qu'un maillon d'une importante chaîne de solidarité redistributive » ; il n'est pas le seul bénéficiaire des ressources accumulées. Les actes de corruption, de ce fait, comme le remarque J.-F. Médard[105], se font parfois dans la plus totale indiscrétion étant donné la faible différenciation qui existe entre les biens publics et les biens privés dans les cultures africaines. Deux caractères distinguent donc la corruption africaine de la corruption occidentale : la corruption africaine est relativement « transparente » et n'est pas réinvestie économiquement.

102. S. Latouche, *L'Autre Afrique : entre don et marché*, *op. cit.*
103. *Ibid.*, p. 51.
104. E. Kamdem, *Management et interculturalité en Afrique*, *op. cit.*, p.227.
105. J.-F. Médard, « Les spécificités des pouvoirs africains », *Pouvoirs*, 1983.

Lors des « fêtes populaires » organisées à l'occasion de la nomination d'un membre d'une communauté au gouvernement ou à d'importantes fonctions publiques, un rappel lui est fait en ce sens pour qu'il sache bien que toute sa communauté lui apporte tout le soutien nécessaire à son succès. En contrepartie de ce soutien, la nomination d'autres membres de la communauté à des postes de responsabilité ou l'organisation de transferts matériels ou financiers en faveur de la communauté est attendue, comme le rappelle E. Kamdem[106]. Les biens publics de l'État, ici, sont moins détournés que redistribués aux yeux d'une communauté « au pouvoir ».

### *Redistribution égalitaire ou inégalitaire des richesses ?*

Plus une communauté est hiérarchisée, plus la redistribution sociale des richesses est inégalitaire et profite à l'élite riche de cette communauté. La raison en est que cette élite n'est pas tenue de rendre la totalité de ce qu'elle a accumulé. Cette inégalité sociale qui s'exprime dans la redistribution partielle des richesses favorise la capitalisation et donc le renforcement d'une épargne d'affaires, source d'investissements économiques. Quand les relations communautaires sont au contraire plus égalitaires, moins hiérarchisées, la redistribution sociale des richesses est plus solidaire, plus « démocratique ». Les richesses aussi sont plus vite consommées, moins capitalisées.

Les sociétés bamiléké au Cameroun, selon la description qu'en propose J.-P. Warnier[107], légitiment ainsi « les inégalités sociales, la hiérarchie, et, partant l'accumulation. Elles désamorcent partiellement l'obligation de solidarité » qui souvent freine, voire met en péril, l'activité des entrepreneurs issus de sociétés où règne un strict égalitarisme entre les hommes. Dans les sociétés bamiléké est produite une « catégorie de cadets qui se rebellent d'autant moins contre le principe de notabilité qu'ils souhaitent y accéder[108] ». Ces sociétés « produisent d'autre part une catégorie

106. E. Kamdem, *Management et interculturalité en Afrique*, *op. cit.*
107. J.-P. Warnier, *L'Esprit d'entreprise au Cameroun*, *op. cit.*
108. *Ibid.*, p. 73.

de notables dont elles encouragent le travail d'accumulation[109] ». Plusieurs parades, dans les sociétés bamiléké, contrecarrent les mécanismes égalisateurs qui existent dans les communautés du sud du Cameroun (dans les sociétés beti, bafia, par exemple) :

– La construction d'une école ou d'un dispensaire, la réalisation d'une route, etc., ces actes de générosité publique permettent aux notables bamiléké de limiter à quelques démonstrations leur solidarité. De même, leur participation à la tontine de solidarité de leur parentèle ou des ressortissants de leur village d'origine leur permet de s'acquitter de leurs obligations de solidarité envers leurs proches. Cette œuvre pie renforce leurs mérites et leur permet de limiter la redistribution de leurs richesses.

– Le réseau de solidarité dans les sociétés bamiléké s'arrête aux parents qui ont fourni la preuve de leur mérite. « Ceux qui, par leur faute, n'ont pas honoré l'aide reçue sont marginalisés. Dans le paysage camerounais, ce parti pris moralisateur est exceptionnel. Il donne incontestablement un avantage décisif en affaires » par rapport aux sociétés qui « doivent partager avec leurs parents en tant que parents, sans qu'il soit fait grand cas de leur mérite[110] ».

– Prendre les apparences de la pauvreté est un autre moyen de se dérober (sous prétexte d'indigence) à ses obligations sociales : « Moins un entrepreneur consomme, plus il est fort pour écarter les demandes de son entourage. Il accumule doublement : aux dépens de son propre train de vie et de la satisfaction des demandes de ses parents[111] ».

L'obligation de solidarité et d'entraide, par là, bien qu'elle ne soit pas moins présente dans les sociétés bamiléké que dans les autres sociétés du Cameroun, est vécue différemment : les Bamiléké ont la possibilité de choisir leurs solidarités ou de s'en défendre avec efficacité. La solidarité y est sélective. Sont évitées deux causes de désaccumulation : la pression de la parentèle et l'obligation de consommation ostentatoire.

109. *Ibid.*, p. 73.
110. *Ibid.*, p. 75.
111. *Ibid.*, p. 75-76.

Les pratiques d'accumulation en vigueur dans les sociétés bamiléké semblent conforter l'opinion selon laquelle l'obligation de consommation ostentatoire, et par là le manque de lien entre travail, épargne et investissement dans les mentalités africaines, empêche le développement, l'accumulation de capitaux[112]. La redistribution solidaire (égalitaire) et la capitalisation des ressources financières, ces deux pratiques responsables, entrent en conflit.

L'individu qui ne fait que consommer se sert en effet, comme le remarque E. Kamdem[113], des richesses matérielles, financières, humaines, etc., de l'entreprise « non pour organiser le travail, développer la production, assurer un meilleur fonctionnement ; mais plutôt comme des objets d'échange devant être distribués en retour des objets ou des services reçus[114] ». Il engloutit aussi les « ressources de l'entreprise dans des dépenses visant surtout à asseoir son prestige social et à consolider la cohésion interne des différents réseaux sociaux dont il est membre[115] ». On se trouve dans ce cas-là « sur le versant égalisateur de la réciprocité et de la redistribution, qui n'est pas forcément soutenu par un versant accumulateur[116] ». Ce n'est pas d'ailleurs celui qui « mange » le plus (qui consomme le plus) qui redistribue le plus ; inversement, ce n'est pas celui qui accumule le plus qui partage le plus. Les principes de réciprocité et de redistribution ne s'inscrivent pas toujours dans un rapport de symétrie.

## Le maintien de la cohésion sociale

C'est dans la société que l'entreprise trouve son ancrage, son capital financier, relationnel, culturel, etc. ; c'est de la société que

112. Cette opinion est soutenue par F.-R. Mahieu (*Les Fondements de la crise économique en Afrique*, L'Harmattan, 1990), L. Basin (*Entreprise, politique, parenté*, L'Harmattan, 1998), H. Bourgoin (*L'Afrique malade du management*, Jean Picollec, 1984), Ph. Delalande (*Gestion de l'entreprise en Afrique*, Economica, 1987).
113. E. Kamdem, *Management et interculturalité en Afrique*, *op. cit.*
114. *Ibid.*, p. 225.
115. *Ibid.*, p. 225.
116. *Ibid.*, p. 225.

l'entreprise est responsable en retour. La création d'une affaire doit permettre en ce sens à l'entrepreneur de s'enrichir, mais aussi de faire vivre la communauté en lui délivrant des services.

### *La responsabilité sociale de l'entrepreneur*

Au contraire de l'entreprise occidentale, comme le rappelle U. K.-S. Yaméogo, « l'entreprise africaine n'a pas pour seul objectif de maximiser les profits au bénéfice de ses propriétaires. Au-delà de l'objectif de rentabilité, l'entrepreneur assume une certaine responsabilité vis-à-vis des proches, amis et parents, voire de la société. Le lien social et relationnel précède l'entreprise et l'entreprise est un moyen plutôt qu'une fin[117] ». Même lorsque la création et la prospérité d'une entreprise sont le fait d'un individu, le lien social est la condition de sa croissance, de son développement et de son évolution.

Aussi, « il faut chercher l'origine de la réussite [d'une entreprise], comme l'affirme P. Labazée, non dans la transmission d'un capital monétaire, mais dans un stock de connaissances et de relations indispensables à la réalisation d'affaires favorisant une accumulation de départ[118] ». Le capital relationnel vient en remplacement d'une épargne personnelle souvent insuffisante. De ce fait, vouloir faire du profit ne met pas à mal le lien social, relationnel, qui est à l'origine de l'activité économique. C'est la raison pour laquelle l'entrepreneur allie efficacité économique et contraintes sociales. L'entreprise européenne, elle, n'est pas soumise aux conflits potentiels entre profits économiques et obligations sociales.

Dans le cadre d'une démarche RSE en Afrique, le capital relationnel élargi à toute la communauté constitue, selon U. K.-S. Yaméogo[119], la ressource essentielle que l'entreprise doit préserver : le

117. U. K.-S. Yaméogo, *L'Émergence de la responsabilité sociale des entreprises en Afrique : état des lieux, enjeux et perspectives*, *op. cit.*

118. P. Labazée, *Entreprises et entrepreneurs du Burkina Faso*, p. 138, Karthala, 1988.

119. U. K.-S. Yaméogo, *L'Émergence de la responsabilité sociale des entreprises en Afrique : état des lieux, enjeux et perspectives*, *op. cit.*

lien social est ici la ressource, et la préservation de cette ressource confère la légitimité à l'entrepreneur.

En France, ce sont les pouvoirs publics qui se préoccupent de promouvoir la RSE, alors qu'en Afrique la promotion de la RSE et plus largement la création des dispositifs sociaux sont davantage le fait des ONG et des entrepreneurs, en particulier quand l'encadrement public fait défaut. La RSE en Afrique ne peut toutefois être envisagée selon un modèle privilégiant un type d'organisation trop processuel et impersonnel, dans la mesure où la direction est une fonction fortement personnalisée aux yeux du personnel. Il arrive ainsi parfois que le départ ou l'absence du dirigeant cause un dysfonctionnement grave dans l'entreprise.

Le degré d'autorité de l'employeur est fonction au Cameroun, d'après le portrait qu'en dresse J.-P. Warnier[120], de la qualité de son savoir technique, de plusieurs vertus morales (son honnêteté, sa rectitude, une certaine austérité dans ses mœurs, sa capacité à s'affirmer sans violence), de son esprit d'initiative (sa capacité à tolérer les revers de fortune et à reprendre l'initiative par d'incessantes innovations) et de sa sollicitude à l'égard de ses salariés. Au Cameroun, « les Bamiléké font moins appel au charisme personnel (compétence, vertu, possession de forces occultes) qu'au charisme de la fonction de père et de notable[121] ». L'autorité de l'entrepreneur s'impose dès qu'il fait preuve d'assez d'initiative pour mener à bien ses affaires. Aussi, plus la figure du notable est ancrée dans la tradition, moins l'entrepreneur-notable a besoin de fonder son autorité sur ses qualités individuelles (ses compétences, ses vertus morales). En revanche, dans les sociétés qui légitiment l'égalitarisme entre les hommes, l'entrepreneur doit s'imposer beaucoup moins par l'adoption d'un statut lié à son titre, à sa maison d'origine, à son train de vie que par ses compétences, sa rigueur morale et gestionnaire.

---

120. J.-P. Warnier, *L'Esprit d'entreprise au Cameroun*, *op. cit.*
121. *Ibid.*, p. 246

Au contraire de la France, où l'on n'use de sanctions officielles qu'à la toute dernière extrémité, A. Henry[122] constate que les entrepreneurs camerounais sanctionnent durement et facilement quand l'évaluation de la faute ne peut mettre en doute leur bonne volonté. L'évaluation de la faute se fait par rapport à des règlements écrits, des manuels de procédures, des codes de conduite : l'écrit joue un rôle sans doute plus fondamental qu'en Occident dans la gestion des rapports d'autorité.

Ni la propriété privée ni la prise de risque ne sont, comme le rappelle J.-P. Warnier[123], au fondement de l'autorité de l'entrepreneur. Même si la fonction de notable fait de l'entrepreneur le « gardien du capital de l'entreprise, ce qui dans l'Afrique contemporaine équivaut à un droit de propriété[124] », la propriété du capital est fondée sur la notabilité et la prise d'initiative. « Ceci contraste fortement avec l'idéologie européenne "traditionnelle" de l'entreprise privée capitaliste, selon laquelle l'autorité de l'entrepreneur repose explicitement sur la possession d'un capital qui risque d'être perdu dans l'adversité et justifie à la fois l'exercice de l'autorité et la prise de profit en période prospère[125]. » Au Cameroun, la structure familiale de l'entreprise impose une vision de l'entreprise pensée comme un « patrimoine indivis dont le notable est le gérant au nom de la personne morale qu'est la pseudo-famille constituée par l'entreprise. Un intéressement des employés aux résultats n'a rien de choquant pour un patron bamiléké ou douala[126] ». Nombreux sont aussi les chefs d'entreprise qui délèguent leur autorité à un bras droit partageant les mêmes références culturelles, sans pourtant avoir entre eux aucun rapport de parenté.

Une continuité entre le travail et la vie, entre la vie professionnelle et la vie personnelle, s'instaure par conséquent, renforçant la fidélisation, l'implication des collaborateurs et aussi le

122. A. Henry, « Vers un modèle du management africain », *Cahiers d'études africaines*, vol. 31, n° 124, 1991.
123. J.-P. Warnier, *L'Esprit d'entreprise au Cameroun*, *op. cit.*
124. *Ibid.*, p. 246.
125. *Ibid.*
126. *Ibid.*, p. 247.

sentiment d'être « chez soi » au travail, d'être encadré familialement parlant. Le passage de l'entreprise familiale à la moyenne ou grande entreprise se fait par là difficilement en Afrique, la mise en commun d'un capital devant se réaliser dans un cadre familial pour avoir des chances de perdurer.

L'entrepreneur est de ce fait responsable de l'emploi de ses proches, amis et parents, et plus généralement de la cohésion sociale de son entreprise.

### *La redistribution communautaire des emplois*

La redistribution communautaire des richesses peut se faire sous forme de services rendus à la communauté. Le recrutement des proches, amis et parents en est un exemple. Ce type de recrutement de proximité ne se réduit pas à du népotisme ou à du clientélisme, étant par définition un service rendu à la communauté.

À côté d'un recrutement à l'occidentale fondé sur la considération des qualifications, des compétences et de l'expérience des candidats, un recrutement familial ou interethnique et des embauches relationnelles sont favorisés en Afrique par l'existence d'un secteur informel. Dans ce cadre sont engagés dans des liens professionnels des membres de la famille, des amis ou des personnes recommandées par des proches. Ces relations professionnelles ne se concluent pas toujours par la signature d'un contrat de travail. L'engagement de l'employé n'est pas nécessairement motivé par un besoin particulier de l'entreprise et ne s'appuie pas non plus toujours sur les compétences de l'employé. Le salaire proposé à l'employé, qui peut comporter une part non financière, est, d'autre part, très variable, et son versement irrégulier. S'exprime à travers ce type social et relationnel de recrutement une forme de solidarité consistant à offrir un travail. Les richesses sont redistribuées par le travail même quand l'entreprise n'a pas de besoin en recrutement.

Cette forme de redistribution des richesses par le travail est un facteur de cohésion sociale, voire de paix civile : le recrutement d'un père de famille touche en réalité une famille entière – toutes les personnes qui entretiennent avec lui des liens de parenté proches ou lointains, liens qui ne se limitent pas toujours aux liens du sang. De même, en recrutant un proche, un entrepreneur veille à redistribuer les richesses équitablement au sein de sa communauté de manière à ne laisser personne hors de la redistribution, prévenant ainsi l'apparition de conflits entre les membres de la communauté.

D'où une consolidation des relations professionnelles entre employeurs et employés, mais aussi une exploitation possible du personnel et une mise entre parenthèses du droit du travail. Le bon climat social favorisé par ce type de recrutement empêche l'employé de se syndiquer, de créer une famille de travailleurs à côté de l'entreprise-famille.

### *La prise en compte des différences (ethniques, sexuelles) : une diversité réalisée*

Le type social et relationnel de recrutement semble contrevenir à l'idéal français d'égalité des chances : ce recrutement ressemble plus en effet à de l'entraide qu'à une sélection des talents. L'égalité des chances se traduit en fait autrement en Afrique : c'est en prenant en compte toutes les différences (ethniques, religieuses, communautaires, etc.) que l'entreprise privée et publique réussit à n'oublier, à ne léser personne et, par là, à favoriser le maintien d'une équité sociale.

Au niveau national, lors de la composition d'un gouvernement, le chef de l'État en Afrique a ainsi l'habitude de prendre en compte la diversité des ethnies, les différences qui existent entre les traditions et les religions en présence à l'intérieur d'un État : avantager de manière abusive une ethnie reviendrait à rompre la cohésion sociale et la paix civile, à déséquilibrer les rapports économiques et politiques entre les différentes communautés. Aussi, pour tendre vers l'égalité, dans les contextes culturels africains, il faut d'abord reconnaître les différences ethniques, religieuses, etc. Toutefois, quand une communauté religieuse est majoritaire dans un pays (comme c'est le cas de la communauté musulmane au

Sénégal), elle peut mettre en péril l'équilibre social entre les communautés en pesant sur les décisions politiques et économiques nationales.

Au Cameroun, comme le rapporte E. Kamdem[127], « des pratiques manifestes connues sous différents noms, dosage ethnique, équilibre régional, quota régional, réalisme sociologique, etc., se sont largement répandues, et ont fonctionné comme des mécanismes égalisateurs susceptibles de réduire les inégalités entre les différentes communautés ethniques et les différentes régions du pays[128] ». Ces pratiques, utiles pour accompagner la construction nationale et renforcer la solidarité nationale, ont néanmoins créé des abus et des dérives (du clientélisme, du népotisme, etc.). C'est avec la libéralisation économique et politique du Cameroun, depuis le début des années 1990, que le problème de l'ethnicité a été reconsidéré : les pouvoirs publics l'ont pris en compte formellement et institutionnellement lors de la dernière réforme constitutionnelle, ainsi qu'à l'occasion de la constitution des listes électorales ou de la remise en cause des résultats des élections aussi bien par le gouvernement que par les partis, etc.

Cette dimension ethnique n'est pas pensée en France, l'égalité des chances étant un principe annoncé plus qu'un principe intégré et vécu. En oubliant de mettre l'homme au cœur de ses préoccupations, les entreprises françaises ont tendance à voir dans la mise en œuvre de la diversité une contrainte supplémentaire. En Afrique, l'homme est au contraire pensé comme le remède de l'homme, comme une fin (un apport) et non comme un moyen économique utile ou superflu. Cette gestion africaine de l'humain dans l'entreprise, intégrée aux démarches internationales en matière de RSE, placerait les parties prenantes au centre des décisions économiques.

---

127. E. Kamdem, *Management et interculturalité en Afrique*, *op. cit.*
128. *Ibid.*, p. 270.

E. Kamdem[129] constate que l'ethnicité est souvent perçue par les cadres et les dirigeants camerounais comme un atout et non comme un risque pour leur entreprise, « l'objectif ainsi recherché étant de pouvoir faire en sorte que chaque membre du personnel puisse, en fonction de ce qui est supposé être ses habiletés "ethniques", contribuer efficacement au fonctionnement de l'entreprise[130] ». Cette approche présente néanmoins, comme le reconnaît E. Kamdem, l'inconvénient de considérer l'ethnicité comme un facteur d'explication de la performance des collaborateurs : ce sont les structures sociales dominantes (égalitaires ou inégalitaires) qui façonnent en vérité les comportements individuels, et non l'appartenance à un groupe ethnique déterminé.

Au Bénin, ce sont les femmes qui tiennent l'économie du pays, même si cet état de fait n'est pas affiché. Entrées de plain-pied dans la mondialisation, en produisant par exemple du karité pour des entreprises de cosmétiques étrangères, elles détiennent le savoir-faire de leurs mères, affirmant ainsi une tradition entrepreneuriale féminine. En islam, de même, la femme a un rôle économique et par là un pouvoir économique : les biens personnels de l'épouse y sont en effet inaliénables – un homme pèche s'il prend l'argent de sa femme.

Dans certains pays africains, le système des castes existe (c'est le cas du Mali, du Sénégal, par exemple). Un forgeron au Mali a ainsi des difficultés à diversifier son activité, à sortir de son milieu économique et social d'origine. Cependant, il peut réussir à le faire, alors qu'en France les portes restent fermées pour certains malgré la reconnaissance de leurs compétences, de leur formation, de leur parcours professionnel à l'étranger – d'où la difficile émergence de la diversité au sein des entreprises françaises : la différence (d'origine, de genre, etc.) y est encore difficilement admise. Un membre d'une ethnie minoritaire, de même, a les

129. *Ibid.*
130. *Ibid.*, p. 282.

mêmes chances de réussite économique que les autres en Afrique. Ses particularités (religieuses, culturelles, etc.) sont reconnues alors qu'en France il faut être initié à certains codes sociaux et appartenir au modèle dominant chrétien, blanc, masculin, quadragénaire pour être chef d'entreprise.

## *La gestion familiale de l'entreprise*

Le caractère familial et relationnel du recrutement s'étend à la gestion de l'entreprise : le chef d'entreprise est aussi un chef de famille[131]. « [Son] rôle paternel, comme le note J.-P. Warnier, conjugue l'autorité, le savoir et la sollicitude. L'employeur doit connaître personnellement ou par personne interposée chacun de ses employés, sa famille proche, son domicile, ses préoccupations. Ce savoir peut motiver la prétention à déterminer le bien de l'employé avec plus de clairvoyance qu'il ne pourrait le faire lui-même. On voit par exemple des employeurs œuvrer au mariage d'un de leurs employés, dans le but avoué de le responsabiliser et de le stabiliser dans son emploi[132]. » Ainsi se reconstitue une parentèle à l'intérieur de l'entreprise : une proximité et des obligations d'employeur à employé. L'employeur, responsable de sa société et de la société, passe un temps considérable à s'occuper des affaires de ses salariés en plus de ses affaires. Technicien dans son domaine, gestionnaire des finances de son entreprise, comptable, père de famille et chef d'équipe, l'entrepreneur se déplace beaucoup : dans les tontines, dans les services de l'administration, auprès de chaque employé, à la banque, etc. La mort de l'un de ses employés, et plus

131. Isidore Ndaywel è Nziem rappelle en ce sens (in *Responsabilité et cultures du monde, dialogue autour d'un défi collectif*, coord. par Édith Sizoo, Éditions Charles Léopold Mayer, 2008, p. 145-146) que, sur les rives du Congo, « la hiérarchie familiale n'est pas éloignée de la hiérarchie sociale et politique, puisque les mêmes termes désignant les ainés – *kuluntu* (lingala), *mukubwa* (swahili), *mbuta* (kikongo) – s'emploient, dans le contexte social plus élargi, comme synonyme de "patron" ».
132. J.-P. Warnier, *L'Esprit d'entreprise au Cameroun*, *op. cit.*, p. 242.

encore son suicide sur son lieu de travail, ne peut le laisser indifférent, étant donné les liens humains qui les unissent.

Les événements qui rythment la vie de chaque salarié au quotidien (les baptêmes, les mariages, les décès, les maladies, etc.) sont par là pris en compte par l'employeur dans sa gestion des temps de travail et sont considérés comme des congés légitimes, comme le sont en France les congés maternité ou les RTT, etc. Certains de ces éléments de la vie quotidienne africaine pourraient d'ailleurs faire l'objet d'une réglementation privée ou publique plus formalisée.

Aussi, lorsqu'une entreprise occidentale vend des journées d'intervention ou des prestations intellectuelles évaluées en temps de travail à une entreprise africaine, l'estimation du nombre de jours de travail nécessaires en Afrique est toujours sous-évaluée. L'entreprise occidentale n'a pas toujours conscience du rythme de travail propre à l'organisation de la vie des salariés en Afrique et ne voit pas que le chiffrage du temps de travail n'y est pas encore une pratique extrêmement répandue. S'il est possible de calculer le temps de travail en France grâce à des éléments figés (jours de congés, RTT, etc.), la notion de temps plein peut représenter des réalités très différentes en Afrique, étant fonction des obligations civiles des salariés : plein temps peut par exemple vouloir dire quatre-vingts jours par an.

Au Gabon, un membre de la diaspora rentré au pays a ainsi créé son entreprise en suivant un mode occidental et rationnel de gestion du personnel dans lequel ses salariés ne se sont pas retrouvés. En cas de décès et de funérailles, les congés étaient calqués sur le modèle français : d'une semaine (au moins), ils sont passés à un ou deux jours. Un fort taux d'absentéisme ou de retards lors de la survenue des pluies a été la manifestation du mécontentement des salariés. Face à ce dysfonctionnement, l'employeur a fait appel à son oncle pour se sortir de cette situation. Ce dernier, devenu codirecteur, a alors pris l'initiative de créer un fonds pour la cohésion sociale de l'entreprise, afin de rendre service aux employés en cas de problèmes à travers la prise en charge de leurs billets de bus, d'avion, de leurs frais relatifs à la préparation des funérailles, etc. Un an après, on a constaté une plus grande motivation des salariés et une augmentation de la production causées par la prise en compte effective de leurs besoins et de leurs obligations civiles.

## Établissement d'un contrat moral

L'entrée du capital et des habitudes communautaires dans l'entreprise est créatrice de confiance dans les relations économiques à travers l'observation d'un double horizon régulateur : un horizon coutumier et un horizon défini par les législations et les réglementations nationales et internationales. La vie « familiale » de l'entreprise est régie, à l'intérieur des entreprises africaines comme des filiales des groupes internationaux, par des codes implicites et explicites, oraux et écrits, traditionnels et modernes. Dans ce contexte, lors d'une négociation, d'un recrutement, d'un conflit social, etc., il n'est pas toujours besoin de formaliser les contrats ou les accords : règne une confiance qui repose sur des obligations réciproques favorisant la pratique d'une responsabilité communautaire de l'entreprise.

### *Un contrat plus moral qu'économique entre les personnes*

La parole donnée en Afrique équivaut à un engagement signé. Dans le cadre d'un partenariat économique ou d'un recrutement, une poignée de main peut ainsi suffire pour conclure un contrat. Comme le rappelle J.-P. Warnier, l'appartenance à une même famille ou à une même ethnie n'est pas le critère de recrutement déterminant : c'est plutôt « la compatibilité d'humeur, la confiance réciproque, la disposition à travailler comme à se perfectionner dans son métier[133] » qui sont au fondement d'un contrat d'embauche dans le cadre d'une redistribution communautaire des emplois.

Ce rapport réciproque de confiance entre l'employeur et l'employé s'établit plus précisément sur un contrat moral engageant toute

133. *Ibid.*, p. 233.

la communauté : la communauté à laquelle l'employeur appartient et rend service se porte garante moralement de la personne embauchée en surveillant ses comportements professionnels, de manière à créer un partage d'intérêts entre la société et l'entreprise et à réduire les risques de licenciements. Les embauches ou les différends entre l'employé et l'employeur, lorsqu'il y en a, se règlent ainsi « à la maison » avec les membres de la famille, de la communauté. Aussi, le premier critère de recrutement dans les entreprises privées africaines est la connaissance de la personne physique (à qui on donne sa confiance parce qu'on la connaît) et le jugement moral porté par la communauté sur cette personne qui la représente et l'engage dans l'entreprise où elle entre. La relation de confiance est fondée sur une relation de proximité, ce qui contraste avec le recrutement à distance, piloté depuis la maison mère, qu'on trouve dans les grandes entreprises occidentales implantées en Afrique.

Le licenciement en Afrique est par là bien souvent le début d'un conflit avec la personne menacée d'être licenciée et la communauté qui s'en porte garante. Un conseil de famille se réunit à cette occasion pour avertir devant témoins la personne menacée d'être licenciée. Si cette personne ne prend pas en compte les remarques qui lui sont faites par le conseil de famille, elle prend le risque d'être licenciée. La faute, ici, est relevée par la communauté, en lieu et place de l'employeur, même lorsque la personne susceptible d'être licenciée n'est pas issue de la communauté qui la prévient et la condamne. Dans un souci d'équité et de transparence, les règles observées, lors des conseils de famille, sont appliquées sans exception à tous les employés et leur sont clairement présentées.

Un travailleur en Afrique décide, dans ce contexte, du moment où il ne se pense plus apte à poursuivre son activité : les conditions et les modalités réglementaires de la retraite sont formellement déterminées. Mais la mise en œuvre effective varie très souvent suivant les aspirations et les désirs personnels soit de l'employeur, soit de l'employé, soit des deux à la fois.

Le contrat moral se retrouve aussi dans les pratiques de négociation. En Afrique, il y a deux marchés : celui où les prix sont affichés et celui où les prix sont négociés. Dans le second marché, la négociation est l'occasion de montrer sa confiance, son respect de l'autre et son honnêteté, comme le montre cet exemple : au marché HLM de Dakar, lors d'une négociation, on peut voir un négociateur donner le fruit de sa transaction à un autre vendeur, propriétaire du produit négocié, qu'il ne connaît pas forcément. Cette négociation faite par procuration, à la place du vendeur/propriétaire, révèle entre les deux vendeurs (le négociateur et le propriétaire du produit négocié) une relation de confiance fondée sur l'observation d'un code d'honneur commun qui favorise des échanges transparents et sur leur appartenance à une même communauté ou à une même confrérie. Dans une négociation moralement conduite, le vol du client ou du vendeur/propriétaire est ainsi moins réglementé par l'affichage des prix que par l'obligation communautaire de représenter le bien d'autrui, d'en être responsable.

### *La transmission des compétences*

L'Afrique est fondamentalement une société initiatique fondée sur une détention ancestrale du savoir qui n'est pas toujours compatible avec l'organisation hiérarchique en vigueur dans les entreprises occidentales. Un participant au séminaire de Lyon a ainsi relaté que, lors d'une mission d'accompagnement du ministre de l'Énergie du Bénin pour le compte de la Banque mondiale, il s'est uniquement appuyé sur l'autorité que lui conférait sa position hiérarchique auprès du ministre, sans se reposer sur les acteurs économiques béninois qui travaillaient avec lui – sans tenir compte de leur expérience et de leurs connaissances. En ne voyant pas que ces acteurs économiques étaient là « avant lui », qu'ils en savaient plus que lui, il n'a pas pu mener à bien son projet.

La fonction hiérarchique et le droit d'aînesse sont deux formes d'autorité distinctes dans l'entreprise. Un jeune cadre ou un jeune directeur doit se faire violence pour donner des ordres à des collaborateurs plus âgés : il ne peut pas élever la voix, donner des ordres trop directifs, doit mettre les formes. D'où des relations de travail qui se construisent moins sur le mépris que sur le respect, la considération des collaborateurs, notamment des seniors.

La formation du personnel dans les entreprises africaines repose par là davantage sur une relation d'apprentissage entre le formateur et le formé, reconduisant ainsi une forme initiatique de transmission du savoir entre le « senior » qui le détient et le « junior » qui le reçoit. Un entrepreneur gabonais qui souhaitait conformer ses activités à des normes qualité, sécurité et environnement a dû en ce sens, pour former des collaborateurs seniors, d'abord valoriser leur expérience et leur savoir avant de leur proposer de suivre des formations en vue de répondre aux exigences normatives. La formation ne peut donc pas être seulement dans ce cadre-là un *team-building*, un training, répondant à une relation ascendante-descendante entre le formateur et le formé.

Au Cameroun, les chefs d'entreprise de l'ancienne génération n'ont pas été formés au management, à la gestion, etc. ; ils se sont adaptés de manière empirique aux lois du marché. Ce sont en général des self-made-men très attachés à leur société traditionnelle d'origine. La nouvelle génération d'entrepreneurs, à l'inverse, a reçu une formation occidentale : plus rationnelle dans son approche de l'entreprise, plus diplômée, elle a à faire un effort pour revenir à une forme plus traditionnelle de formation fondée moins sur une acquisition que sur une transmission des compétences.

Le respect manifesté à l'égard des seniors, dans les entreprises africaines comme dans les filiales des multinationales, s'applique en fait à tous les collaborateurs, qu'ils soient ou non diplômés, en haut ou en bas de la hiérarchie : la compétence de chacun est jugée indispensable car complémentaire. La compétence du manœuvre, par là, n'est pas moins valorisée que celle de l'ingénieur, étant aussi importante et utile.

### *La résolution communautaire des conflits*

Le respect manifesté à l'égard des seniors est l'indice d'une double organisation de l'entreprise : à côté de l'organisation hiérarchique en vigueur dans les entreprises occidentales, des centres de pouvoir informels – des conseils des « sages » –, qui n'apparaissent pas sur les organigrammes, fonctionnent, à l'instar des conseils de famille, pour réguler les relations sociales internes à l'entreprise et pour donner une légitimité aux décisions prises par la direction. La place de ces « sages », au sein de la communauté dans laquelle l'entreprise puise son capital relationnel et financier, décide de l'importance de leur influence dans les orientations économiques et sociales suivies par l'entreprise. Le personnel comme la direction se fient en cela à une autorité traditionnelle, garante de l'observation des droits coutumiers commandant le maintien de la cohésion sociale à l'intérieur de l'entreprise. Une relation de confiance s'établit ainsi entre l'entreprise et cette autorité traditionnelle : le personnel et la direction s'en remettent à l'expérience et aux connaissances des « sages » ; en retour, ceux-ci répondent du bon fonctionnement de l'entreprise en favorisant un dialogue et une justice sociale.

On trouve dans certaines filiales de multinationales une organisation hybride où des valeurs occidentales sont associées à des valeurs africaines dans le but d'améliorer la performance économique de l'entreprise par l'intégration de pratiques communautaires. À la CIE (Compagnie ivoirienne d'électricité), filiale de Bouygues, les valeurs de délégation de pouvoir, de décentralisation, de qualité, de service client, etc., côtoient ainsi les valeurs d'esprit de famille, d'écoute, d'humanité. L'écoute des conseils donnés par les « aînés », dans ce contexte, n'interfère pas avec le pouvoir des cadres. De même, à travers la création d'un comité de lutte contre le sida, ainsi que d'un fonds sida alimenté par les cotisations des collaborateurs et par l'entreprise dans le cadre de la politique de solidarité professionnelle, la CIE mène une campagne de prévention contre le sida en détachant des communicateurs sociaux chargés d'être à l'écoute des problèmes de santé des collaborateurs et de garantir la confidentialité des informations collectées de manière qu'elles ne remontent pas à la direction des ressources humaines. Ces communicateurs sociaux n'apparaissent pas dans l'organigramme de l'entreprise, n'y ont pas nécessairement un rôle d'encadrement : leur action a néanmoins autant d'impact sur la vie de l'entreprise que les décisions publiées par la direction. On constate aussi que les conseils des « sages » peuvent avoir à la CIE plus de poids que les organisations syndicales lors de dialogues sociaux.

La présence de conseils des « sages », de communicateurs sociaux dans l'entreprise introduit de ce fait un espace de médiation, une forme consultative et informelle de management, qui facilite l'expression des problèmes rencontrés par les collaborateurs à travers un travail de reformulation, de traduction, de compte rendu de leurs ressentis. L'introduction de cet espace de médiation, de dialogue communautaire, répond au besoin des collaborateurs de recréer un esprit familial à l'intérieur de l'entreprise et aussi au souci de l'entreprise de prévenir la survenue de conflits sociaux coûteux en temps et en argent[134].

Aussi, amener une affaire devant les tribunaux, c'est montrer l'impuissance de l'entreprise à résoudre « en interne », de manière communautaire, un conflit. On n'a recours aux lois nationales qu'en dernière instance : quand un problème ne peut être réglé « en famille », selon les codes coutumiers en vigueur dans l'entreprise. De cette manière, on évite le plus possible d'humilier la personne accusée, de la condamner une fois pour toutes sans lui donner une seconde chance, qu'elle soit collaborateur ou directeur. On lui fait plutôt confiance, considérant qu'elle n'a pas eu tort, ou du moins qu'elle n'a pas eu raison, qu'elle est capable d'entendre les reproches qui lui sont adressés par les « sages » et de se réformer. Au Cameroun, un directeur financier, accusé d'avoir détourné 80 millions de francs, devait ainsi se présenter devant la justice. La communauté présente dans l'entreprise, contre l'avis du directeur général, a préféré rendre cette

134. Selon Marie Bellan, les entreprises occidentales découvrent de plus en plus les avantages du recours à la médiation pour gérer les conflits (*Les Échos*, 21 juin 2011).

somme, sans le traduire en justice. Cette résolution communautaire des conflits répond au souci de maintenir coûte que coûte une cohésion sociale, une vie communautaire, dans l'entreprise : la communauté « paie » à la place de l'individu coupable, se montrant ainsi responsable des possibles déséquilibres humains qui peuvent survenir dans une entreprise. La vie de la communauté passe avant les différends entre les individus.

# 4.
# Propositions

L'état des lieux la de RSE en Afrique (chap. 1), la reconnaissance de la diversité des approches culturelles en matière de RSE (chap. 2), et la reconnaissance de l'existence d'une RSE africaine qui ne dit pas son nom (chap. 3) ouvrent sur une autre manière, plus efficace et plus interculturelle, d'organiser, de gérer et de manager les entreprises en Afrique – les filiales des grands groupes internationaux comme les entreprises africaines engagées dans une démarche de RSE.

Deux propositions fondamentales résultent des constats établis par les acteurs des diasporas africaines en France et par les spécialistes de la responsabilité sociétale de l'entreprise et de l'interculturalité en Afrique francophone qui ont participé à l'élaboration du projet « Dialogue des Éthiques ». Ces deux propositions peuvent être énoncées comme suit :

– Il est nécessaire d'adapter les démarches de RSE, à l'intérieur des filiales des grands groupes internationaux, aux contextes culturels et économiques africains.

– Il est nécessaire de promouvoir au niveau international les pratiques responsables en vigueur dans l'organisation, la gestion et le management africains de l'entreprise.

Pour satisfaire à ces deux exigences, l'Institut Éthique et Diversité s'engage à créer un club d'entreprises afin d'organiser et d'animer un échange permanent sur l'évolution du dialogue entre les pratiques occidentales et les pratiques africaines de RSE en Afrique.

Le club d'entreprises (Club de la gouvernance éthique) a pour objectif d'animer une communauté d'intérêts pour la RSE et l'interculturalité en Afrique, à la rencontre de plusieurs réseaux :

– des diasporas africaines en France ;

– des managers intermédiaires africains et français travaillant dans les filiales des groupes internationaux en Afrique ;

– des entrepreneurs africains engagés dans une démarche de RSE ;

– des praticiens de la RSE en Afrique ;

– des experts académiques, institutionnels et économiques spécialisés dans le domaine de la RSE et de l'interculturalité en Afrique.

Avec l'appui de ces réseaux, il faudrait concevoir, avec les managers intermédiaires africains et français travaillant dans les filiales des groupes internationaux en Afrique, les procédures qui permettent de faire le lien entre les pratiques responsables africaines et les pratiques occidentales de RSE.

Il est important, à partir de là, de sensibiliser la direction des groupes internationaux implantés en Afrique à ce travail d'adaptation des exigences occidentales de RSE aux contextes économiques et culturels africains, et de valoriser ainsi les modes hybrides (occidentaux et africains) d'organisation, de gestion et de management.

## Adapter la RSE aux contextes économiques et culturels africains – à l'adresse des multinationales

L'adaptation des démarches de RSE aux contextes culturels et économiques africains demande aux groupes internationaux implantés en Afrique de prendre davantage en compte les modes africains d'organisation, de gestion et de management de l'entreprise de manière à ne pas imposer aux collaborateurs qui y travaillent des exigences étrangères à leurs attentes.

## *Normaliser davantage la gestion des entreprises pour consolider l'établissement d'un contrat moral entre les collaborateurs*

Plutôt que de songer à moderniser les pratiques responsables africaines, il faudrait comme le suggère A. Henry[135], s'en inspirer pour mieux appréhender l'économie des pays en développement, là où une éthique fondée sur la confiance régule les relations économiques. Aussi, pour lever les verrous du développement dans ces pays, il faudrait mettre l'accent sur des systèmes de gestion extrêmement normatifs, afin de permettre à cette éthique de la confiance de fédérer les collaborateurs, dans les limites fixées par une entreprise, par une tontine.

« L'efficacité industrielle, comme le remarque A. Henry[136] en accord avec P. d'Iribarne, dépend de la mise en œuvre, toujours conflictuelle, d'une triple contrainte technologique, économique, mais aussi sociale. L'état des connaissances dans ce dernier domaine, comparativement aux deux premiers, reste embryonnaire [...] Pourtant, la vie sociale, et donc la vie industrielle tirent leur force des initiatives individuelles et collectives. Les méthodes d'organisation, fussent-elles tournées vers des rationalités modernes, doivent aussi répondre à la conception que les intéressés se font de la bonne manière de vivre et de travailler ensemble. Pour que les individus acceptent de sacrifier librement une part de leurs intérêts légitimes au profit de la collectivité, l'organisation doit répondre à leurs inquiétudes communes et s'appuyer sur des valeurs qu'ils révèrent. Faute de quoi, on encourt le risque de ne rencontrer que démotivation ou révolte [...] Les procédures, parce qu'elles prennent appui sur une éthique héritée d'une haute tradition, poussent à agir dans un sens favorable aux objectifs de l'entreprise. Elles sont bien plus qu'un simple système de contrôle pour la gestion. Parce qu'elles jouent sur le registre des valeurs les plus sacrées, elles font appel à une motivation spontanée. Alors que l'on aurait pu considérer que

---

135. Alain Henry, Philippe Guillerme-Dieumegard et G.-H. Tchente, *Tontines et banques au Cameroun : les principes de la société des amis*, Karthala, 1991.
136. Alain Henry, « Vers un modèle du management africain », *Cahiers d'études africaines*, vol. 31, n° 124, 1991, p. 468-469.

ce mode d'organisation est contraire au dynamisme industriel, on observe au contraire qu'il permet ici de mobiliser les énergies. »

## Promouvoir les pratiques responsables africaines au niveau international – à l'adresse des entreprises africaines

La promotion des pratiques responsables en vigueur dans l'organisation, la gestion et le management africains de l'entreprise demandent aux acteurs économiques et institutionnels africains de valoriser des modes africains d'organisation, de gestion et de management de l'entreprise en en montrant l'utilité dans le fonctionnement de l'entreprise au niveau international.

### *Promouvoir les valeurs et les pratiques responsables africaines dans la perspective de créer une identité économique africaine au niveau international*

Comparées aux esthétiques africaines qui ont fait leur entrée dans l'histoire de l'art au XX^e siècle, les pratiques économiques et sociales africaines n'attirent pas encore le même respect. Certains acteurs des diasporas africaines en France reconnaissent être les premiers responsables du manque d'aura international de ces pratiques, considérant qu'ils ne promeuvent pas assez les valeurs économiques et sociales africaines, qu'ils n'en montrent pas assez l'aspect profitable. Le Japon, la Corée ou la Chine ont en cela une longueur d'avance sur les pays africains : leurs pratiques coutumières contraignent les entrepreneurs étrangers à négocier ou à travailler d'une certaine manière. Ces pratiques répondent, en les complétant, aux règles d'organisation, de gestion ou de management imposées par les entreprises occidentales. Cet échange des bonnes pratiques économiques, cette compréhension interculturelle des règles internationales et locales de conduite favorisent l'hybridation des modes d'organisation, de gestion et de management en Afrique.

Les relations économiques entre les pays occidentaux et les pays africains répondent encore trop à la vision d'une Afrique sous-développée qu'il faut aider. Aussi, au lieu de faire des affaires en Afrique, on y subvient à des besoins. Les acteurs économiques africains, de ce fait, peinent à être considérés comme des interlocuteurs à part entière : en ne promouvant pas les potentialités économiques africaines, ils se heurtent au complexe de supériorité de certains managers occidentaux persuadés d'arriver en terrain connu lorsqu'ils viennent travailler en Afrique.

## *Créer un environnement favorable aux investissements directs étrangers (IDE) par l'inscription des entreprises africaines dans une démarche internationale de responsabilisation*

« L'entrepreneur africain, notamment dans le secteur informel, est parfaitement intégré dans son milieu et contribue de fait au bien-être de sa communauté. Cependant, il ne conçoit pas, comme le constate U. K.-S. Yaméogo, son rôle ni son action en termes de contribution à la réalisation d'un objectif global, ni en termes de participation à la mise en œuvre d'une quelconque politique de type public ou privé[137]. » Une démarche de responsabilisation, aussi, n'entre pas nécessairement dans ses préoccupations.

Face à ce constat, U. K.-S. Yaméogo[138] suggère aux entreprises africaines d'adopter des démarches RSE afin de se donner les moyens de prendre part au marché international qui se complexifie davantage avec l'émergence de la RSE. Selon lui, « le véritable défi actuel est moins de faire face à des réglementations et normes érigées par des États pour protéger des entreprises ou des secteurs au niveau national, que de répondre à des exigences et normes posées individuellement ou collectivement par des entreprises occidentales désormais très peu enclines à traiter avec des partenaires qui constitueraient un risque potentiel pour leur image. Tout l'enjeu pour les États et pour les entreprises africaines est donc de tirer le meilleur parti des échanges internationaux en créant le cadre à la manifestation et à l'institutionnalisation de la RSE et en s'inscrivant dans une démarche de responsabilisation[139] ».

137. U. K.-S. Yaméogo, *L'Émergence de la responsabilité sociale des entreprises en Afrique : état des lieux, enjeux et perspectives*, université Paris-XII Créteil, 2007.
138. *Ibid.*
139. *Ibid.*

« En favorisant et en contribuant à l'assainissement du milieu des affaires africain, la RSE, loin de dissuader les investisseurs, pose un environnement favorable à l'IDE. Les exigences rencontrées sur le marché africain sont loin d'être supérieures à celles constatées sur les marchés des pays développés[140]. » Les entreprises étrangères retrouveraient de ce fait en Afrique un environnement normatif et juridique comparable à celui de leurs pays d'origine.

Pour favoriser l'essor d'une responsabilité sociétale des entreprises en Afrique, force serait donc :

1. de donner aux diasporas africaines le rôle de transmettre les pratiques responsables occidentales en Afrique et les pratiques responsables africaines en Occident ;
2. d'élaborer avec les managers africains et occidentaux travaillant en Afrique des procédures permettant d'adapter les exigences occidentales de RSE aux contextes culturels africains ;
3. de définir, avec les consultants, les formateurs et les qualiticiens mettant en œuvre des démarches de RSE en Afrique une approche interculturelle de la norme ISO 26000 ;
4. de promouvoir au niveau international, avec les entrepreneurs africains engagés dans une démarche de RSE, les modes d'organisation, de management et de gestion africains de l'entreprise ;
5. de fonder l'approche interculturelle de la RSE sur l'expertise de chercheurs africains et occidentaux spécialisés dans le domaine de la RSE et de l'interculturalité en Afrique ;
6. de sensibiliser les directions des entreprises internationales implantées en Afrique aux enjeux d'une hybridation nécessaire des pratiques responsables africaines et occidentales ;
7. d'informer les sociétés civiles africaines des avancées en matière de RSE en Afrique, en mobilisant les médias africains et occidentaux autour des démarches interculturelles et responsables dans le monde de l'entreprise.

140. *Ibid.*

## Contributeurs et participants au projet « Dialogue des Éthiques »

**Participants au séminaire de Lille (6 novembre 2010)**
ADJIBI Barnabé-Patrice
AMOUZOU Martin
BODIN Muriel
BOSSOKEN Edgar
CREPPY Ayité
FLEURETTE Jacques
GANHOULE Honorine
GUEYE Boumy
MABAKA Mukwabuhika Placide
MBARGA Armand
MBATONGA OLINGA Nazaire Désiré
N'GUESSAN Assi
TEVI Gabriel
TROUILLE Guillaume
WANDJI Kléber

**Participants au séminaire de Paris (25 novembre 2010)**
ACOUETEY Didier
CELLIER Joachim
DA SILVA Carole
EL GHELLAI Mohamed
JOUANJAN Suzanne
KADIMA Lubin
MOALA NKOUME Serge
NOUADJE Bertrand
PORTELLA Roland
ROLLAND ALI-KEKE Chantal
SENGHOR Henry

**Participants au séminaire de Marseille (27 novembre 2010)**
ABDEREMANE Ibrahim
AHMED Hassane
BAKARI Saïd
BOUTTERIN Emmanuel
CARVALHO Martin
CISSE Makhete
DIOUF Pape
FANGET Jean-Sébastien
GUEYE Matar
KOUEVI Geneviève
N'DIAYE Diatou
SAID Élisabeth
YOUSSOUF Brahim
ZERIBI Karim

**Participants au séminaire de Lyon (3 décembre 2010)**
AKOUEBIHIN Claude
AMANY Christophe
ASSANI Abdel Aziz
AWATEF Jaidi
BIO TCHANÉ Abdoulaye
DIAKITE-PRATS Nakhana
DOHOU Fructueux Candide
GNANSOUNOU Edbert
KOUSSEY KOUMBA Arnaud Bansaari
LEBRUN Léonce
LOKOSSOU Christophe
MAHAMOU Patrick
SAGNA Fiacre

**Participants au symposium de Marseille (5 mai 2011)**
CARVALHO Martin, président d'honneur du Collectif PACA pour la mémoire de l'esclavage

CELLIER Joachim, avocat associé au barreau de Paris
CHABRILLAT Pascale, Caisse des dépôts
DA SILVA Carole, directrice fondatrice de l'AFIP (Association pour favoriser l'intégration professionnelle)
ESOH ELAMÉ Joseph, géographe, professeur à l'Università Cà Foscari di Venezia
FANGET Jean-Sébastien, directeur de Global Com-Event's, épistémologue des sciences économiques et sociales, consultant en analyse pluridisciplinaire des situations du travail
HILBRANDT Pierre, Caisse des dépôts
IRIBARNE Philippe (d'), sociologue, directeur de recherche au CNRS
KAMDEM Emmanuel, sociologue, directeur de l'ESSEC à l'université de Douala
MAHAMOU Patrick, directeur général d'It Advice Group
SAID Élisabeth, élue au conseil municipal de Marseille, chargée des relations entre communautés
SANOUSSI Kag, secrétaire général de la Charte de la diversité
VIOLLA Élisabeth, Caisse des dépôts
WANDJI Kléber, fondateur et dirigeant de l'association IDÉAL (Initiatives pour le développement économique en Afrique)

# Table des matières

Achevé d'imprimer en août 2011
sur les presses de la Nouvelle Imprimerie Laballery
58500 Clamecy
Dépôt légal : août 2011
Numéro d'impression : 107358

*Imprimé en France*

La Nouvelle Imprimerie Laballery est titulaire de la marque Imprim'Vert®